ジャーナリズムの道徳的ジレンマ

20 Moral Dilemmas : A Casebook of Journalism Ethics

Tetsuo Hatanaka
畑仲哲雄

勁草書房

ねらいと使い方　ジャーナリズム倫理を絶えず問いなおす

報道倫理に関する本は、大手の新聞社や放送局からいくつも出版されていますし、有名な記者たちも筆を執ってきました。それらの多くは個人的な経験に基づいて書かれています。大物ジャーナリストたちがつづる手柄話や失敗談はおもしろく、記者志望の学生や新人ジャーナリストを魅了します。しかし、「体験的ジャーナリスト論」の大半は、残念なことに理論的な背骨を欠いています。

他方、学問的にしっかりした倫理学の研究書は学者たちが書きます。しかし、取材現場をかけずり回るジャーナリストたちが読んでいるようには見えませんし、取材のルールブックを作成するベテラン記者たちも「功利主義」や「義務論」など職業倫理に不可欠な概念を参照しているようにも思えません。

業界の倫理、企業の内規

日本におけるジャーナリズムの倫理は、業界が設定した「かくあるべし」的な理想や理念と、各メディア企業が内部で運用している「べからず」集のようなマニュアル類から構成されることがほとんどです。新聞記者や放送記者たちも組織の一員であるかぎり「かくあるべし」と「べからず」の制限を受けています。

日本ではジャーナリスト教育を大学が担う伝統がなく、もっぱら個々の企業内で記者教育がおこなわれてきました。学生時代にジャーナリズムについて体系的に学んだ経験のない記者にとっては、勤務先の上司やベテラン記者と報道マニュアルが教科書です。

しかし、上司やマニュアルがいつも頼りになるとは限りません。みながマニュアルどおりに行動したため失態を招いた例や、掟を破った記者によって改善がもたらされた例もあります。ベテラン記者も常に正しい判断をするわけではありません。実務家として名を成した人が、自身の成功体験に固執する「成功者バイアス」のため、悪しき指導者となる例は、報道の世界以外でもみられる現象です。

ジャーナリストが難問に直面したとき、いったいなにを基準にどう決断すればいいのでしょうか。

道徳的な20の難問

ジャーナリズムの世界には、百年単位で受け継がれてきた原理や手放してはいけない鉄則がありますが、わたしたちの情報環境はすさまじい速度で変化しています。ジャーナリズムの倫理も問い直しは必要でしょう。

この本には、報道現場における20の難問が収録されています。ほとんどが過去に実際に起こった事例をもとにしています。どの事例も簡単に答えは出ないものばかりです。ただ、難問だからという理由で放置してよいはずもありません。日ごろから絶えざる問い直しを心がけておくべきです。

この本の狙いは三つあります。第一は、現場の経験知に頼りがちな記者たちに一度立ち止まって考えてみる機会を提供することです。「勉強する時間がない」「問題意識を共有する場がない」というジャーナリストたちを少しでも触発できれば幸いです。

第二は、メディアの問題に関心を寄せる市民と語り合うことです。「マスゴミは信用ならない」と頭ごなしに否定する人もいますが、ちょっと待ってほしい。この本を読めば、取材する側の視点から報道倫理の悩ましい問題を考えてみる機会がもてるはずです。

第三は、報道の仕事に就こうとしている若い人たちに、将来出会うであろうジレンマを知っておいてもらうことです。答えは一つではありません。優れた記者になるには数多くの事例と理論をみずからの血肉にしておく必要があります。

本書の読み方

この本には全部で5つの章があります。第1章から順に「人命と報道」「報道による被害」「取材相手との約束」「ルールブックの限界と課題」「取材者の立場と属性」です。各章には4つのケースを設けました。

ケースはすべて、「思考実験」→「異論対論」→「実際の事例と考察」の3パートで構成されています。「思考実験」では、ジャーナリズムの道徳的難問が物語の形式で示されます。思考実験の最後には、AかBかの選択肢が与えられます。どちらが正しく、どちらかが間違っているわけではありません。まずは直観的にじぶんがどちらの立場を支持するかを心に思い浮かべてください。

次に「異論対論」のページを開いてください。AとBの対立する二つの立場から交互に意見を並べました。ここに示された見解は、著者のわたしが脳内で議論したものです。足りない論点を補足したり、別の視点で考えたり、ちがう条件ならどうなるか比べたり、ほかの立場ならどうなるかなど、ぜひいろいろ検討してみてください。

最後に「実際の事例と考察」に進んでください。各ジレンマの事例を考えるうえで必要な基礎知識と、実際の事例について詳しく述べられています。「現場の知」だけでは得られない「学問の知」も記されています。

ワークショップでの利用

もし、この本をグループディスカッションなどのワークショップで利用する場合、「思考実験」を読んだ時点でいったん本を閉じて1回目のディスカッションをしてみましょう。じぶんの意見を他者に押しつけるのではなく、異なる意見に耳を傾ける機会です。じぶんはなぜA／Bの立場を支持するのか、冷静に語り合ってみましょう。必要に応じてじぶんの意見を修正し、最終的にグループごとにひとつの意見にまとめてください。

次に、「異論対論」のページを開き、そこに記されている議論の流れと、グループ内での議論との違いをひとつずつ検討しみましょう。異論対論に記されている意見とじぶんたちの意見と違いはどこにあるでしょう。みなさんの議論は十分だったでしょうか。ディスカッションや異論対論で示された観点から、あなたはじぶんの意見を変えるでしょうか。ここで2回目のディスカッションをしてみましょう。

最後に、振り返りのために「実際の事例と考察」を読んでください。「事実は小説より奇なり」と言いますが、実際に起こった出来事の重みをかみしめてください。

目次

■思考の道具箱■

第１章
人命と報道

1 思考実験

CASE：001
最高の写真か、最低の撮影者か

二日前、とある国への潜入に成功した。先進国からは初のフォトジャーナリストだと思う。長引く内戦と干ばつ、そして飢餓。周辺から漏れ伝わってくるその国の状況は深刻だった。無名の自分を売り出すチャンスだし、社会的にも意義のある仕事だ。

炎天下、乾いた荒野を車で走っていると、蜃気楼のむこうに大勢の人々が歩いていた。その数は数百人に上るだろうか。わたしはその方向にハンドルを切った。車を降り、「PRESS」と記した腕章とカメラを掲げ、ゆっくり近づく。みすぼらしい身なりの群れは難民キャンプを目指していた。乳飲み子を抱えた女。杖をつき息を切らす老人。大きな荷を背負う男たち。ほとんどの人は着の身着のままで逃げてきたように見える。その足取りは重い。

彼らが暮らしていた町は、救援物資を略奪する夜盗集団に襲われ暮らせなくなったという。

「些細なことでいがみ合って、復讐の繰り返しがおさまらないんだ」
「だれも墓穴を掘らないから死体の山ができて、野犬が人間の味をおぼえちまった」

嘆き悲しむ人々に同情心がわく。だが、正直に言うと、わたしはどこか興奮に包まれていた。あばら骨が浮き出た肌をあらわにして涙する老人や、飢えのため瞬きも忘れたようになった赤ん坊は、格好の被写体だ。すごい報道写真が撮れる予感がする。もし欧米の著名な新聞や一流の写真雑誌に掲載されれば、もう誰もわたしを「無名の写真家」とは呼ばなくなるだろう。なんとしてもここで踏ん張って、最高に刺激的な作品を撮りたい。

地獄、地獄、地獄。そんな言葉を心の中でつぶやきながら、わたしは人の群れを縫うように歩き続けた。何十回とシャッターを切った。だが……。

絶妙のアングルから、千載一遇のシャッターチャンスを逃さず、完璧な構図で世界を切り取る。何万語もの文章よりも、飢餓や戦争、暴動、貧困、抑圧、差別の現実を雄弁に語る。わたしは今、世界の報道写真家がうらやむ環境に身を置いているはずなのに、決定的な一枚が撮れない。「これじゃぁ素人写真と変わらんじゃないか」

ふと、難民の群れから少し離れたところを見ると、全裸の子供がうずくまっていて、その向こうに巨大なハゲワシが舞い降りてきた。死肉を主食とするハゲワシほど不吉な鳥はいない。黒い肌の子供は、体に比して大きな頭を地面にすりつけるような格好で、前のめりに倒れていた。中世ヨーロッパで描かれた宗教画のようだ。命乞いをする貧者を悪魔が飲み込もうとしているみたいに見える。

子供とハゲワシ。一三五ミリのレンズに映った二つの被写体は、この国の人々を象徴していた。わたしは反射的に一回シャッターを切った。

だが、その瞬間、わたしの心は二つに引き裂かれた。

[A] 報道を優先する立場

このままじっとして、より悲劇的な構図を狙うべきだ。ハゲワシが翼を広げたり、クチバシを開いたりすれば、もっとすごい写真が撮れるだろう。ジャーナリストは冷徹な観察者であるべきだ。

[B] 人命救助を優先する立場

いますぐにハゲワシを追い払い、子供を助けに行こう。そして、難民キャンプの医療施設に送り届けるのが人の道だ。写真はすでに 1 枚撮ったし、もう十分だ。カメラを置いて、子供を救え。

2 異論対論 [B] 人命救助を優先する立場

特定の職業が求める使命より、普遍的な道徳のほうが優先する。棒きれを振り回したり、石を投げつけたりすれば、ハゲワシは簡単に追い払える。その気になればすぐに助けられる命を、みすみす助けないなんて人でなしだ。人権を尊重する社会で暮らす人々は、人間性の欠落した取材者を非難する。まずは子供を助けよう。写真はそのあとで何枚でも撮ればいい。

反論

「客観報道」なんて絵に描いた餅。新聞や雑誌の紙面は限られているし、番組に使える時間も制限がある。なにを扱い、なにをボツにするかは、編集幹部や経営者の判断とスポンサーの意向で決まっている。それに比べ、過酷な現実を取材する記者たちは、命の大切さという普遍的な価値を肌で知る存在だ。だからこそ冷淡な傍観者であってはならない。子供を救うのが人としての義務だ。

再反論

事実と意見は簡単に区別できない。ジャーナリストが伝える「事実」も主観に基づいて収集・加工されている。ファインダーに映ったものがそのまま「事実」だというのは乱暴すぎる。人々は、取材者がどの位置から撮影したかを想像するだろうし、子供の悲劇を自分の手柄にしたという批判も浴びるだろう。プロの取材者なら、そこまで考えたうえで仕事をするべきだ。

2 異論対論 ［A］報道を優先する立場

ジャーナリストの使命はニュースを届けることだ。わたしがカメラを放り出して子供を救助すれば、目の前の子は救えるかもしれない。しかし、同じような状況にある人は大勢いる。1枚の写真が国際世論を動かし、各国から救援の環を広げる。それはジャーナリストにしかできない。そのためには、できるだけ衝撃的な作品を撮らなければならない。

反論

ジャーナリストは客観的な観察者に徹するべきである。それは報道に携わるすべてのジャーナリストが新人時代に叩き込まれる原則だ。もしハゲワシが子供を食べはじめたとしたら、その現実も記録にとどめるのが正解。わたしたちは歴史の冷徹な記録者なのだ。むろん、ジャーナリストにだって感情もあり、泣きたいときもある。だが、その前にプロとしての仕事をするのが筋だ。

再反論

事実と意見の区別。それがジャーナリズムの基本原則だ。意見を表明できるのは社説や論説だけで、記者たちは事実をありのまま伝える。それは戦時下の偏向報道への反省でもある。読者・視聴者の目となり耳となることが大切で、取材対象を攻撃したり、取材相手と取引したり、世論を誘導したりしてはならない。この場合、子供がハゲワシに食われても、それを見届ける覚悟が必要だ。

［思考実験］のモデルは「ハゲワシと少女」と題する有名な報道写真であり、［異論対論］では論争のポイントを整理した。

報道と人命のどちらを優先するか。この二つを並べたとき、一般市民の道徳感に近いのは人命を優先する立場だろう。「人の命は地球よりも重い」という言葉がある。法を曲げても人命を第一に考えるべきだ。そんな人道的な意見はシンプルで力強い。これに反論するには勇気がいる。

3　実際の事例と考察

●——市民感情とプロ意識の間にある溝

たしかに、シャッターチャンスを逃してでも目の前の子供を救う行為は崇高だ。ただし、いつも報道より人命救助を優先するルールを自分に課してしまうことは、ほんとうに道徳的な結末をもたらすのだろうか。

目の前の子供を救うことを責める人はまずいないだろう。だが、［思考実験］でみたような内戦と干ばつに苦しむ人は、世界に大勢いる。たとえば、ハゲワシに襲われそうな子供を救出して医療施設に届けたとしても、似たような状況にある子供はいくらでもいる。子供だけではない。杖をついた老人から背負ってほしいと頼まれ、妊婦からは肩を貸してほしいとせがまれたらどうするだろうか。家族が今にも死にそうなので医者を呼んできてほしいと泣いてすがられたら……。カメラを放りなげ、人助けに走り回っていたら、「悲劇」を世界に伝えて、国際援助の世論を喚起するというジャーナリストの使命が果たせなくなる。ジャーナリストがジャーナリストの仕事をしなくなるのは、本末転倒である。

とはいえ、人命そっちのけでカメラを向けるだけの取材者は分が悪い。事件や事故の現場を走り回る記者たちを「人の不幸をメシの種にしている」と難じる人は少なくない。じっさい、新聞産業は災害や戦争で市場規模を拡大した。

●──悲劇を撮ろうとするハイエナ

数々の批判を浴びても、主流メディアのジャーナリストたちは、報道優先の立場に理解を示す傾向が強い。毎日新聞記者としてベトナム戦争を報道した徳岡孝夫は自身の体験を踏まえて、ジャーナリストは「悲劇」をむしろ「魅力的な素材」として興奮する職業的第三者であることを隠そうとしない。そのうえで「人類同朋への高貴な共感者ではなくニュースのハイエナ」であることを認め、人道主義の立場からの非難を「お茶の間の正義」と批判した。[1]

こうした徳岡の立場は、理論的にはアメリカ型のリベラルなジャーナリズム倫理に近い。その第一人者ともいえる、コロンビア大学教授のステファン・アイザックスはこう語った。[2]

「ジャーナリストの使命は歴史の瞬間を記録し、それを広く知らせることである。ジャーナリストは現実に手を加えてはならない。ジャーナリストは取材しようとしている現実を変えてはならない責任がある。カメラマンは禿鷲を追い払うべきであったという意見があるが、わたしはそうは思わない。命を救うことは彼の仕事ではない。それどころか、子どもが死んで、禿鷲がその肉をついばむとしたら、それを見届けるべきである。非常に残酷に聞こえるかもしれないが、それがジャーナリストの役割なのだ。映像や記事を持ち帰り、世の中がどんなに厳しい現実にあるかを知らせることがジャーナリストの仕事なのだ」

●──思考停止の危険性

だが、ジャーナリストも人の子であり、道徳的感情から完全に自由になれない。自分の行為を振り返って悩んだり、

■思考の道具箱■傍観報道

ジャーナリストのなかには、「事実」を「中立的」な立場から観察してありのまま報告するという規範を内面化する人が少なくない。その考え方に立てば、苦しむ人びとがいたとしても、冷静かつ正確に見届けなければならない。だが、じぶんの家族や知り合いが目の前でSOSを叫んでいたとして、それを客観的に観察して報道できるだろうか。大震災や大津波の被害に遭った地域のジャーナリストたちは、じぶんたちの行動が客観報道なのか傍観報道なのかを反問し続ける。

罪悪感にさいなまれたりもする。

ハゲワシを追い払うか、シャッターチャンスを待つか。どちらが正しい行為なのかは軽々しく決められないが、じっくり考える時間はない。「ハゲワシと少女」はジャーナリスト教育や取材倫理の議論をするとき、かならず取りあげられる有名な道徳的ジレンマだ。

正解がないからこそ、考える価値があり、議論することで思考停止から脱出できる。ベテラン記者だけでなく、記者になって日が浅い人や、ジャーナリスト志望の学生にとって避けられない難問だろう。

●――ケビン・カーターの事例

1993年にスーダンで、1枚のショッキングな写真が撮影された。骨と皮になった幼い女の子が荒れ地にうずくまり、その背後でハゲワシが見つめている。この衝撃的な瞬間をおさめた作品は、ニューヨーク・タイムズ紙に掲載された。

アメリカでもっとも権威ある新聞に載ったことで、世界の視線が一挙にスーダンに注がれた。1990年代のアフリカではソマリアが国際的なニュースのおもな発信地だった。内戦と干ばつで無政府状態の「アフリカの角」に、アメリカ軍指揮下の多国籍軍が国連決議に基づいて派遣されていたのだ。そのほか、南アフリカではネルソン・マンデラが1991年にアフリカ民族会議（ANC）議長に就任し、反アパルトヘイト闘争を指導していた。

●——ピュリツァー賞、そして自殺

報道写真家たちは、ときに危険を賭して無理な取材を敢行する。有力新聞や国際通信社に扱ってもらうには、平凡な日常を送る人たちの心を揺さぶる光景を、絶妙のタイミングと最高のアングルでレンズに納めなければならない。戦場での暴力、飢えて痩せこけた子供、大自然の猛威、そして、奇跡の救出劇や涙を誘う感動的な瞬間だ。

南アフリカ出身の若い写真家ケビン・カーターは「ハゲワシと少女」で、1994年4月にピュリツァー賞企画写真部門賞を受賞した。この賞はジャーナリストにとって「最高の栄誉」とされ、カーターは「時の人」となった。

だが同時にカーターは、激しい批判にさらされた。

「カーター氏はカメラマンとしては満点だろう。しかし一人の人間としてはマイナス十点だ」「(ピュリツァー)賞は人間性や倫理とは無関係に選ばれるのか」。アメリカの新聞に、そんな投書が掲載され[3]、カーターは同業のジャーナリストたちからも「なぜ少女を助けなかったのですか」と問われ続けた。

●——カーターの涙

カーターはその年の7月、ヨハネスブルク郊外で自殺した。まだ33歳という若さだった。

朝日新聞ニューヨーク支局(当時)の佐藤吉雄は、生前のカーターに電話でインタビューしている。カーターは撮影直後を振り返りこう話した[4]。

「とにかく夢中でシャッターを押した。そして『シッ、シッ』と声を上げて追い払った。少女はやがて立ち上がり、再びよろよろと村に向かい始めた。/このときの気持ちを何と表現したらいいだろう。あまりの衝撃に近くの木の下に座り込んでしまった。気を落ち着けようとたばこをいっぷく吸った。涙がこみ上げてきた。しばらく泣き続けたのを覚えている。少女がその後、どうなったのか、分からない。もちろん名前も部族も分からない」

さらに、なぜ少女を助けなかったのかという批判には、こう答えている。

「そういう反響は、それこそ世界中から来た。私はハゲワシを追い払い、少女が村に向かうのを見守る以外、何もしなかった。それ以上の質問には答えられない」

だが、毎日新聞記者の藤原章生によれば、カーターが撮影した少女の近くには母親がいて、撮影直後のカーターは全身で喜びをあらわしていたという。[5] 藤原はスーダンでカーターと行動をともにしたとされるジャーナリストのジョアオ・シルヴァから話を聞いた。シルヴァとカーターは苦労して密入国し、同じ場所で似た境遇の子供たちを撮影していた。シルヴァは自分の撮影を振り返ってこう話す。

「そのとき？　だから、ゲリラ兵がいないから、まったくしようがねえなあって思って、そしたら一応、飢餓の子も撮っておこうと思って、構えて、待って、動きが欲しいなっていろいろ、角度を決めて、そしたら、目をふさいで泣くような格好をしたから、カシャカシャカシャって何枚か撮って。（中略）親？　親はすぐそばで食糧をもらうのに必死だよ。だから手がふさがってるから、子供をほんのちょっと、ポン、ポンとそこに置いて」

シルヴァが撮影した写真はまったく注目を集めなかったのに対し、カーターの作品はピュリツァー賞を受賞した。

「ケビンが撮った子も同じ。母親がそばにいて、ポンと地面にちょっと子どもを置いたんだ。そのとき、たまたま、神様がケビンに微笑んだんだ。撮ってたら、その子の後ろにハゲワシがすーっと降りてきたんだ、あいつの目の前に。あいつ？　あの時、カメラ、借りてきたやつだから、１８０ミリレンズしか持っていなかったんだ。だから、そーっと、ハゲワシが逃げないように両方うまくピントが合うように移動して、十メートルくらい？　それくらいの距離から撮ったらしい。で、何枚か撮ったところで、ハゲワシは、またすーっと消えたって」

カーターから直接取材した朝日新聞の佐藤吉雄によれば、カーターはハゲワシを追い払って少女に涙した人道主義者に思える。ところが、毎日新聞の藤原章生がシルヴァへのインタビューで明らかにした彼の姿はずいぶん異なる。

「時間がないんでケビンのところに戻ったら、あいつ仰向けになって、煙草をスパスパ吸って、空に向かってうわごと言ってんだよ。俺はその時点では、そんなすごい写真撮ってたって知らないから、また、ケビンがおかしくなっているって思ったけど、あいつ、『アイヴ、ガッタイトゥ（撮った）、やったんだ、撮ったんだ、すごいの撮った、俺、撮ったんだ』なんて涙流さんばかりに興奮して」

シルヴァ自身もカーターが撮影したようすを見ていたわけではない。真実は藪の中。もはや確認しようがない。

カーターがどんな人物であったかは、２０１０年公開のカナダ・南アフリカ合作映画『バンバン・クラブ 真実の戦場（The Bang Bang Club）』（スティーブン・シルヴァ監督）で描かれている。

[注]

[1] 徳岡孝夫「ハゲワシと少女：カメラマンは正しかった」『諸君！』１９９４年10月号64-71頁

[2] 柏倉康夫『マスコミの倫理学』丸善、２００２年、６頁

[3] 佐藤吉雄「ピュリツァー賞企画写真部門賞受賞「ハゲワシと少女」論争：カメラマンはなぜ自殺したか」『新聞研究』１９９４年９月号60頁

[4] 佐藤前掲書59頁

[5] 藤原章生「あるカメラマンの死」『絵はがきにされた少年』集英社、２００５年、17-36頁

[参考文献]

ハル・ビュエル『ピュリツァー賞受賞写真全記録第２版』河野純治訳、日経ナショナルジオグラフィック社、２０１５年

CASE：002
人質解放のために警察に協力すべきか

1　思考実験

「幼稚園の送迎バスが襲われた。現場は中心市街地の駅前ロータリーだ。今すぐ現場に行け」

そんなデスクの指令を受け、わたしは駅を目指して全速で駆けた。二年前、地元新聞社に入社し、先週から警察取材を担当する「サツ担」になったばかり。一人前の記者として認められたという誇らしさはある。だが、他社のベテラン記者たちに負けてはいけないという緊張感も。

現場には、警察の大型輸送車が二台、幼稚園のバスを挟むように停まっていた。そのまわりで十台以上のパトカーが赤色灯の光を放っている。野次馬をかきわけ、「KEEP OUT 立入禁止」と書かれた黄色いテープの前まで進み出た。そのすぐ内側に、新聞社や放送局の腕章をつけた二十人ほどの一団が見えた。

「ウチも入れてください！」わたしは自社の報道腕章を高く掲げて叫び、規制線の内側へ強引に入っていった。

わが社のスローガンは「住民目線・地域密着」。まちづくりや伝統行事の話題など、地域を元気にするニュースは大きく報じる。むろん、事件報道もする。だが被害者も加害者も地元住民であることが多く、興味本位の記事は載せない。近年は関係者を匿名で報じる記事も増えている。

だが、きょうは事情が違う。短銃を手にした男が幼稚園の送迎バスに立てこもったのだ。大事件である。

東京からは大手新聞や雑誌の取材陣が大挙して押し寄せていた。立ちレポを始める放送記者、上空には轟音をたてる複数の報道ヘリ。全国の視線が、いまこの町に注がれている。まるで映画のワンシーンのようだ。心臓の高鳴りが抑えられない。

事件を指揮する刑事課長が、報道陣を集めて概要を説明してくれた。バスの中には園児が三人いるが、けがはしていない。捜査員は園児を解放するよう窓越しに男を説得している。しかし男は「いますぐマスコミを呼べ」「記者をつれてこい」とわめくばかりで膠着状態が続いている。

そこまで言うと刑事課長は、報道各社に協力を要請した。

「どうか記者さんが腕に巻いていらっしゃる腕章を、すこしの時間貸してください」

捜査員が取材記者に扮してバスに乗り込み、話を聞くふりをして犯人を落ち着かせ、幼稚園児を解放するよう説得したいという。

大手メディアの記者たちは「腕章を貸すなんてありえない」と断った。

「無理を承知のお願いです」刑事課長は深々と頭を下げた。「犯人は興奮する一方で、園児たちに危害が及ぶかもしれません。すぐにお返ししますので、どうかご協力を」

わたしはふと、左腕に巻いた自社の報道腕章に目をやった。腕章には新聞の題字とともに「住民目線・地域密着」というスローガンが印刷されている。携帯電話で上司に相談している時間的な余裕はない。

[A] 腕章を貸さない立場

この腕章は取材や報道をしていることを示す証しだ。部外者に貸すなどもってのほか。刑事が警察手帳やピストルを貸さないのと同じではないか。ここで例外を作ってはいけない。腕章を貸せばわたしは記者失格だ。

[B] 腕章を貸す立場

東京からやってきた大手メディアと、わたしたち地元メディアとでは立場が異なる。銃口を突きつけられているのは、地域の子供だ。住民目線で考えれば子供の安全を最優先にすることが正しい選択だ。

2 異論対論 ［B］腕章を貸す立場

ジャーナリストの使命は市民社会に奉仕することで、報道はその手段にすぎない。「公平・中立、客観」は一種の理想論。取材記者たちも現場の当事者。腕章を貸さないという「行為」も、捜査の進展に影響を及ぼすことになる。警察の要請を拒む記者たちの「行為」が可視化されれば、冷徹な傍観者と非難されるだろう。理想と現実を混同してはならない。

反論

東京からやってきた記者たちにとって、人質の子供は赤の他人。だが、わたしにとっては地元の子であり、隣人。よそ者の報道陣と、地元新聞の記者とで行動原理が違うのは当然。東京からやってきた取材陣が腕章を貸さないことも合理的だし、地域密着をスローガンに報道するわたしが腕章を貸すことも理にかなっている。報道倫理はメディアによって異なる。

再反論

瞬時に腕章を貸さない判断をした記者たちは、もし子供が殺害されたとしても、「権力監視」を言い訳にして自分たちを免罪し、捜査を批判できるだろうか。葛藤したり、思い悩んだりしない記者は、心を持たない報道ロボットだ。職業倫理は、現場の記者が難問に直面するたび再検討されてきた。悩んだ末に腕章を貸す行為は、ルールをバージョンアップしていくことになる。

2 異論対論 [A] 腕章を貸さない立場

ジャーナリストの仕事は、できごとをありのまま公平・中立、客観的に報道することだ。特定の勢力に利用されてはならない。戦時中のジャーナリストが軍政に協力した歴史を振り返れば、警察に腕章を貸す行為がどういうことか理解できる。表現の自由や言論の独立を守るためには、貸してはならない。警察は公権力だ。警察の捜査が適正かどうかをチェックすることに集中せよ。

反論

安易な現実主義は、報道の鉄則をゆがめる。ジャーナリストは自由と民主主義の番犬である。わたしたちが社会から期待されているのは権力監視。警察は身近な権力だ。監視対象に協力すれば、報道の中立性や言論の独立性を損なってしまう。腕章を貸すようしつこく求められれば、それを報道すべき。腕章を貸す記者がいれば、その記者をニュースにすべきだ。

再反論

報道倫理には一貫性が必要。医者に「ヒポクラテスの誓い」、看護師に「ナイチンゲール誓詞」があるように、わたしたちにも絶対に譲ってはならない職業規範ある。現場の取材記者が「今回は特別だ」とか、「東京メディアとは違う」などの例外を次々に作っていくことを認めれば、めぐり巡って社会におけるジャーナリズムの価値を掘り崩すことになる。それは危険なことだ。

たかが腕章、されど腕章――。最初に、報道腕章の重みを考えておこう。

腕章に法的な根拠はない。報道関係者には、僧侶の袈裟、医師の白衣のようなわかりやすい服装がないので、「報道取材中」ということを示すため、腕章を巻く。近年はカード型の社員証を首からぶら下げるケースも増えたが、やじ馬との区別が必要なイベントや事件や事故の現場では、遠くから見ても一目瞭然な腕章がよく使われる。

3　実際の事例と考察

●――腕章は取材者の自己証明

さて、一般的なメディア企業では、報道腕章を目的から外れて使うことは厳しく戒められている。無断で他人に貸与したりすれば、懲罰の対象となるだろう。メディア企業の腕章には、その企業の社会的な信用が埋め込まれているからだ。ジャーナリストにとっての腕章は、弁護士バッジや議員バッジほどではないにせよ、国民の知る権利に直結する公共的な仕事を示すものだ。

今回も前回のケースに続いて、主人公は人命と報道の二択を迫られたようにみえる。決断すべきは、刑事課長に報道腕章を貸すべきか、貸さざるべきか。ただし、今回は考慮すべき変数が多く、考える筋道も複雑だ。貸すか貸さないかのどちらを選ぶにしても、理由を明確に説明するのは簡単ではない。

●――権力は腐敗する

判断を難しくしている原因は二つある。ひとつは「権力」との関係だ。

警察は市民社会の安全な暮らしに欠かせないが、銃や手錠で人々の自由を制限する力をもつ。事件事故を取材する記者にとって、警察は重要な取材源であると同時に、権力乱用をチェックすべき対象であるのは言うまでもない。

もうひとつは、主人公が地域メディアに属していることだ。事件に関係する人はみな「隣人」だし、取材記者も地域の一員。通りすがりの大手メディアとは異なる立場であることも考慮に入れなければならない。

ひとつめの論点を考えるうえで踏まえておきたいのは、ジャーナリズムに権力監視の使命を担わせる思想が歴史的に形成された点だ。それはおもにアングロサクソン型の政治文化のなかで育まれてきた。なかでも検閲と闘った17世紀の詩人ジョン・ミルトンの『アレオパジティカ（*Areopagitica*）』や、J・S・ミルの『自由論（*On Liberty*）』は、「言論の自由」をめぐる記念碑的な文献である。「権力は腐敗する。絶対的な権力は絶対的に腐敗する」というジョン・アクトンが残した至言もジャーナリズムの思想を簡潔に表している。

●――自由を重視するか善を重視するか

このような社会思想は日本の新聞界でも共有されている。日本新聞協会の「新聞倫理綱領」には「新聞は公正な言論のために独立を確保する。あらゆる勢力からの干渉を排するとともに、利用されないよう自戒しなければならない」とある。ジャーナリズムにとってもっとも重要なものは「自由」。そうした考え方は、日本のメディア界に広く浸透している。自由を守るため、権力に向かって吠えたてる番犬（watchdog）であろうとする実践倫理には合理的な理由がある。そうした考え方を、ここでは「自由主義のジャーナリズム」と呼んでおく。

だが、これと同じ考え方を、日本の地方紙や市町村域で発行されている地域紙にそのまま強制することは難しい。

取材する人も、取材される人も、新聞を読む人も、広告を出す人も、みな同じ空気を吸い、同じ水を飲み、習慣や文化を共有する共同体のメンバーだ。地域メディアの多くは地域の暮らしをよくする社是を掲げるところが多い。地域メディアのジャーナリストが傍観者のような歴史の記録者でいられるはずはない。こうした考え方を支える論理を、「自由主義のジャーナリズム」と区別して、ここでは「共通善のジャーナリズム」と呼んでおく。

現在の日本で「自由主義のジャーナリズム」ばかりが本流に見えるのは、それを信奉する大手メディアの影響力が大きい。けっして「共通善のジャーナリズム」が質的に劣っているわけではない。多くの場合、両者は互いの欠点を補い合う関係にあるといってよい。

■思考の道具箱■番犬ジャーナリズム

アメリカの主流メディアには、権力の不正を追及する番犬としての役割があるとされ、根底には古典的自由主義の思想がある。このタイプのジャーナリズムは、統治権力から距離を置き、自律的でなければならず、ニュース報道は事実に基づいて客観的におこなうことを旨とする。その機能を発揮した事例に、『ワシントン・ポスト』記者ボブ・ウッドワードとカール・バーンスタインによるウォーターゲート事件の報道がある。近年では、神父による児童性的虐待をカトリック教会が組織的に隠蔽（いんぺい）していた事実を暴露した『ボストン・グローブ』の報道が映画化された。

今回の事例では、人命か報道かという二者択一としてではなく、その地域にとってどういうジャーナリズムが必要なのかを、市民と対話して模索することも一考だろう。

●——千葉日報記者の事例

『読売新聞』が2011年末に掲載した特集記事によると、[1] 千葉バスジャック事件は同年11月、千葉市の繁華街で発生し、60代の男が逮捕された。男は路線バスの最後部座席から一列前の女性客に果物ナイフを突きつけて「マスコミを呼べ」と要求し、千葉県警の捜査員は現地にいた複数のメディアの記者に報道腕章の提供を求めた。これに対し、千葉県の地元紙『千葉日報』の20代の男性記者が、その場で腕章を外し捜査員に手渡した。この記者は「腕章を提供するのは問題があると思いながらも、『一刻を争う状況なので人命を優先させるべきだと』と判断した」。捜査員は腕章を着けて記者を装い、男を説得する別の捜査員の横に立ったと『読売新聞』は報じている。

●――腕章を貸した記者への非難

事件発生当初、大手メディアは、バスジャック事件そのものとともに、地元紙記者が警察の求めに応じて報道腕章を貸した行為に問題があったという批判的なトーンで報道した。

「千葉 記者が警察官に腕章貸す」(NHK[2])
「新聞記者、捜査員に腕章貸す バス立てこもり」(読売[3])
「『千葉日報』記者の腕章を借用 千葉立てこもりで県警」(朝日[4])
「バス立てこもり 千葉日報記者が捜査員に腕章貸す」(毎日[5])

いずれの記事にも、千葉日報社編集幹部の「記者倫理として慎重、適切さに欠ける行為であった」というコメントが掲載された。主流マスメディアは警察に腕章を貸す行為に軒並み厳しく、千葉日報社も実質的に反省の弁を述べたといえる。

●——緊急性、現場の感覚

ただ、その年の瀬に掲載された先述の『読売新聞』の特集には、腕章を貸した記者の立場に理解を示すコメントが複数紹介されていた。

「報道の中立性より事態の緊急性を優先すべき時がある」(服部孝章・立教大教授)

「こうしたケースに直面した記者の経験から、現場の感覚を生かした報道倫理を考えていくべきだ」(大石泰彦・青山学院大教授)

さらに、読売新聞社は東京本社編集局長による「記者のとっさの行為を、ただちに非難すべきだとは、考えておりません」という見解を明示した。

■思考の道具箱■共通善
政治哲学の潮流のひとつ、コミュニタリアニズムの基本概念で、「Common Good」の訳語。「共通善」の実現がよき政体の条件であると考えたアリストテレスの哲学にさかのぼる。コミュニタリアニズムは1970〜80年代のアメリカで、自由を重視する哲学潮流の批判者として一大旋風をまきおこした。「ハーバード白熱教室」で一躍有名になったマイケル・サンデルは、代表的なコミュニタリアンである。

●——煩悶する力

限られた時間内に、重要な決断を下さなければならない日々のニュース取材では、ともすれば記事のトーンがひとつの方向に傾くことがある。千葉日報記者に対する批判的な報道もひとつの典型例だ。しかし、時間をおいて反芻するうちに、当初の判断が思考停止のように思われることもある。

現代のジャーナリストに必要なことは、業界や会社が作った倫理規定に基づいて即断即決する処理能力ではなく、自問自答し煩悶する能力ではないか。職業倫理はメディア企業のエリートたちが頭の中で作るのではなく、一人ひとりの取材者の経験に基づき、市民社会との対話の中で見直していくべきである。

［注］

［1］読売新聞「人命優先に支持の声／「報道の独立損なう」批判も／地元紙記者　警察に腕章貸与」２０１１年12月30日朝刊

［2］ＮＨＫ「千葉　記者が警察官に腕章貸す」ＮＨＫオンライン NHK NEWS WEB ２０１１年11月16日22時55分（http://www3.nhk.or.jp/news/html/20111116/t10014011501000.html ２０１１年11月17日取得）

［3］読売新聞「捜査員に千葉日報記者腕章貸す　バス立てこもり」読売オンライン２０１１年11月17日07時29分（http://www.yomiuri.co.jp/national/news/20111116-OYT1T01178.html ２０１１年11月17日取得）

［4］朝日新聞「「千葉日報」記者の腕章を借用　千葉立てこもりで県警」アサヒ・コム、２０１１年11月16日22時14分（http://www.asahi.com/national/update/1116/TKY201111160520.html ２０１１年11月17日取得）

［5］毎日新聞「バス立てこもり　千葉日報記者が捜査員に腕章貸す」毎日ＪＰ２０１１年11月16日22時27分（http://mainichi.jp/select/jiken/news/20111117k0000m040095000c.html ２０１１年11月17日取得）

［参考文献］

菊池理夫『共通善の政治学：コミュニティをめぐる政治思想』勁草書房、２０１１年

菊池理夫・小林正弥編著『コミュニタリアニズムのフロティア』勁草書房、２０１２年

――『コミュニタリアニズムの世界』勁草書房、２０１３年

小林正弥『サンデルの政治哲学：〈正義〉とは何か』平凡社新書、２０１０年

「新聞倫理綱領」日本新聞協会ホームページ（http://www.pressnet.or.jp/outline/ethics/ ２０１６年3月17日取得）

ボブ・ウッドワード、カール　バーンスタイン『大統領の陰謀：ニクソンを追いつめた３００日』常盤新平訳、文春文庫、２００５年

マイケル・サンデル『ハーバード白熱教室講義録＋東大特別授業［上］・［下］』小林正弥、杉田晶子ほか訳、ハヤカワ・ノンフィクション文庫、２０１２年

CASE：003
原発事故が起きたら記者を退避させるべきか

1　思考実験

原発事故が起こったとき、わがコミュニティFMは午後の番組時間帯だった。

スタジオの片隅にあるテレビが、爆発のようすを流しているのが視界の隅に入った。それは遠くから撮影された粗い映像だった。鉄塔が数本と白い建物があり、灰色の海と空がかすんで見えた。最初は静止画に見えたが、動画だった。建物が吹き飛び、白煙が吹き上がった。

目を疑った。爆発があったのは、わが県にある、あの原発なのか！

当時、FM局には十人ほどの幼稚園児が見学に来ていた。引率の教諭に「一刻も早く幼稚園に帰りなさい」と伝え、テレビの音量を上げた。

「爆発音がして、原子炉を覆う建屋の天井部分が吹き飛びました」アナウンサーが早口で伝えている。

「大急ぎで情報を集めて、臨時ニュースにしろ」わたしはディレクターに大声で命じると、生番組を中断して、ひとまず音楽に切り替えた。

新聞社のウェブサイトは、「原子力緊急事態宣言」が発令され、原発から二〇キロメートル圏内に「避難指示」が出たと伝えた。このコミュニティFMのスタジオは、原発から二八キロほど離れている。

だが、うちの電波は「避難指示」の二〇キロ圏内にも届いているのだ。片っ端から電話して情報収集した。コンビニやスーパーで食料品が売り切れ続出。ガソリンスタンドに長蛇の列。幹線道路は渋滞。みんな不安のまっただ中で、着の身着のまま避難しはじめているのかと思うと胸が痛んだ。

ただ、わたしたちが暮らす地域のことは、まったく報道されていない。大手メディアの記者たちが、いち早く県外に避難したからだ。在京のテレビ局は「ただちに健康に影響はない」という政府の記者会見を映すだけで、必要な情報が提供されない。

インターネットでは、アメリカ政府が日本にいる自国民に八〇キロ圏内から退避するよう勧告したというニュースが流れた。東京在住のメディア関係者と電話がつながった。彼は新幹線で関西に向かっていた。「欧米の特派員たちは、ソウルやバンコクへ脱出してる。悪いことは言わない。すぐ逃げろ。一刻を争う状況だ」

だが、コミュニティFMには地域住民に情報を届ける責務がある。あの爆発で放射性物質を含んだ塵(ちり)が風に乗ってやってくるのは時間の問題かもしれない。乳幼児や妊婦は避難させるにこしたことはない。

正念場だ。わたしは経営者として、スタッフに被ばくのリスクを承知のうえで働いてもらいたいと思う。とはいえ、彼ら彼女らの安全と健康に配慮する責任もある。正直なところ、わたしだって怖い。

放射線には臭いも色もない。窓の外では穏やかな風が木の枝を揺らし、スズメが鳴いている。

のどかなこの町で、地域密着型放送局のトップとして、今なにをすべきなのか。

[A] とどまる立場

臨時災害放送局の申請依頼をして「災害FM」となり、CMなしの24時間放送できる体制を整えよう。有事の際、「防災・減災」のために働くのがコミュニティ放送局の使命。スタッフ一丸となって、地元の難局と立ち向かおう。

[B] 避難させる立場

放射能汚染は他の自然災害と区別すべきだ。われわれは原子力の専門家ではない。避難指示の区域は広がる可能性もある。被ばくしてからでは遅い。わたしだけが残ることにして、スタッフはすべて、一時退避させよう。

2　異論対論［B］避難させる立場

放射性物質の飛散が心配されているとき、「ただちに影響はない」という政府の発表をうのみにはできない。「原発は安全」と繰り返し聞かされてきた者としては「騙された」という気持ちでいっぱいだ。大手メディアが記者を退避させているのは、従業員の安全を考えれば当然だ。FMのスタッフたちに被ばくのリスクを強いて残らせるのは間違っていると思う。

反論

被ばくの影響は「ただちに」ではなく、後年になって出ることがある。苦楽をともにしてきたスタッフだからこそ救いたい。そう願うのは、むしろ当たり前だ。わたしが残るかわりに、彼ら彼女らは避難させよう。われわれFM局のスタッフは民間人。公務員でも兵士でも自衛隊員でもない。「怖い」「逃げたい」と表明する権利はある。とどまるという行為だけが尊いわけではない。

再反論

放送局内の狭い世界で「残れ」という同調圧力がかかるのは避けたい。本音を言えば、「逃げろ」と命じたあと、自主的に残るスタッフがいてくれればうれしい。必要なのは、雇い主であるわたしや行政機関に従順な人ではなく、自主的に判断し、ときに対立する意見を述べられる自律したジャーナリストのようなスタッフだ。そんな仲間がいれば、この困難は乗り切れる。

2 異論対論 ［A］ とどまる立場

政府の避難指示は20キロ圏内だが、わが放送局は原発から28キロ離れている。現段階でわたしたちが避難する法的な根拠がない。市役所の公務員らも同じだろう。ただ、小さな子供がいるスタッフは避難させてもよい。逃げたい人を引き留めてはいけない。だが、避難せよという指示が出るまでは、原則的に災害FMとしての義務をはたすのが正しい選択だ。

反論

わたしたちは地域社会の一員だ。「避難するなら最後尾」とまでは言わないが、住民を置き去りにして、われ先に逃げるのは間違っている。大手メディアの記者がいなくなり、この町は情報空白地帯になってしまった。いまこそ地域メディアの存在理由を示すときだ。行政機関が集約した正確な情報を伝えるとともに、住民からも情報を寄せてもらいパニックを防ごう。

再反論

いまもっとも助けを必要としているのは20キロ圏内の人たちだ。避難の方法や手順、持ち物、避難場所の電話番号……。災害FMとして、いまこそ伝えなければならない情報は山ほどあるはず。病院などに入院している患者や体が不自由な人には特別なケアが必要だ。困難な状況にある隣人に寄り添うのは、地域メディアの使命。わたしが一人で残るだけでは人手が足りない。

原子力事故の取材は大きなリスクが伴う。

日本新聞協会の手引書『取材と報道』では、戦場などの紛争地取材と並んで原子力関連取材に関する考え方を次のように記している[1]。

「チェルノブイリ事故のように大量の放射性物質が（中略）降下した範囲内の住民は避難することが原則になります。取材者もこの範囲には不用意に近付かず、速やかに安全な場所に避難することが原則となります」

「まずは信頼すべき情報を集めるなどの安全対策を取ることが原則です。この原則に立ったうえで、事態が明らかになり、現場とその周辺の線量が一定以下である場合は、取材者は現場に近付くことが可能です」

3　実際の事例と考察

●——記録に残る失態

日本の新聞界が議論に議論を重ねて作ったこれらの原則は、東京電力福島第一原発の爆発事故時、比較的しっかり守られた。報道各社は取材者の安全のため撤退を指示し、記者たちも指示に従った。だれもが『取材と報道』に記されたような「正しい行動」をした。その結果、元共同通信記者の藤田博司が記すような「報道史上、記録に残るメディアの失態」を生み出してしまった[2]。

「記者が直面する危険の大きさや当時の混乱した事情を考慮しても、報道機関が市民から託された『知る権利』を代行する責任を十分に果たしたとは言いがたい」

「業務命令に抗しても（十分安全対策を講じたうえで）現場に留まって取材する記者があってもよかったのではないか」

●——知る権利の悪用

藤田の批判は、報道各社が「国民の知る権利」に応えなかったことに力点が置かれている。

ジャーナリズム研究者の山田健太は「政府などから得た危険情報を読者・視聴者に伝えることなく、いわば情報を隠蔽（いんぺい）したうえで、自己の利益のために利用したことにほかならない」と述べ、国民の権利を自分たちの安全のためだけに悪用したことを厳しく批判する。[3]

「逃げた」ことの罪悪感に苦しみ、退社した記者の話は『河北新報のいちばん長い日』で紹介されたが、[4]「逃げろと命じた」の企業側の説明がなされた例はきわめて少ない。[5] メディアにとっては振り返りたくない「失態」かもしれないが、後進のジャーナリストたちに教訓を申し送りすることこそ、経験者の使命ではないか。

●——記者の自律性と内部的自由

とどまれば危険が及び、逃げれば取材できない。そんな難問を解く鍵はあるだろうか。

藤田は、メディアの「内部的自由」の重要性を説く。内部的自由とは、もともと1970年代に西ドイツのジャーナリストたちが掲げた概念である。こうした考えが生まれた背景に、ヨーロッパではメディア企業の所有者や経営者が代わるたびに編集や人事の方針がねじ曲げられる事例が多かったという事情がある。このため職能集団としてのジャーナリストに自律性をもたせる必要が論じられてきた。

藤田はこの議論を日本の原発事故に当てはめ、本社が「退避せよ」と指示しても、現場の記者たちには、主体的に判断して行動する自由があるはずだと主張する。これに似た考えとして、元朝日新聞記者の外岡秀俊は組織ジャーナリストの「抗命権」を提言している。[6] 抗命権とは、上官の誤った命令に抗う権利を意味する軍隊用語で、外岡は朝日新聞の編集幹部時代から抗命権について社内で議論してきたという。

朝日新聞記者の上丸洋一もこれと似た「市民の命令」という概念を用いて、抗命権と同じ問いを発している[7]。

「局長、部長、デスクの業務命令（例えば、現場から離れろ！）が、市民の知る権利に応えるという報道機関の存在意義を否定しかねないものであるとき、その業務命令は、はたして有効なのか」

●――抗命権とエリート記者

しかし、必要に応じて抗命するべきだと指示された記者は、ダブルバインドに陥らないだろうか。たとえば「原発から避難せよ」と命じられた記者は、言われるまま避難すれば「自律性がないやつ」と責められ、命令に背いて被ばくすれば「自己責任だ」と言われかねない。

かつて抗命権問題が論じられた西ドイツの連邦軍は、徴兵制によって一般市民から構成された軍隊だった。軍隊組織は社会と隔絶され閉鎖的な慣習をつくる危険があるため、民主主義の擁護者たる「制服を着た市民を導入することで、「文民統制に問題が生じることの無いよう細心の注意が払われた[8]」。

ひるがえって、大手報道機関の編集部門には、一流大学から高倍率の難関を突破して入社した高学歴エリートたちの職業文化が形成されている。その文化にどっぷり浸かっていれば「一般市民」の「命令」から遠ざかってしまう。

■思考の道具箱■危険地取材

1991年6月、雲仙・普賢岳で火砕流が発生、取材記者など報道関係者16人を含む43人が死亡した。それを境に大手メディアは、湾岸戦争などの紛争地取材はフリーランスに任せることが増え、記者の安全確保を優先するようになった。藤田博司と我孫子和夫は、そうしたメディア企業の安全路線を強化したものとして、コンプライアンス意識の高まりを指摘する。メディア企業内で規則や指示を順守すべきという風潮が充満し、個々のジャーナリストをしばりつけたという見方である。

そこにもうひとつの難問がある。

●──とどまった行政と市民メディア

市民から発せられた「命令」に従った典型例として、福島県南相馬市長の桜井勝延がYouTubeにアップロードした救援呼びかけの動画を挙げておきたい。[9] 大地震と大津波に続いて、原発事故で放射能汚染の危機にさらされた市のトップである桜井の訴えは、ニュースサイトで「『市民、兵糧攻め的状況』南相馬市長、動画サイトで訴え」と報じられた。[10] しかし、桜井は記者たちが町から逃げ、電話取材だけで見てきたような記事を書くことを難じていた。

被災地の住民の暮らしに役立つ情報を届け続けたコミュニティFM関係者の経験も傾聴に値する。コミュニティFMは市民による市民のための情報活動であり、有事には災害FMとして活動することが期待されている。しかし、FMスタッフに大手報道機関の記者のようにジャーナリズムの訓練を積んだ人はほとんどいない。「制服を着た市民」ならぬ「マイクを持つ市民」である。

職業ジャーナリストたちは自分たちがつくった情報空白地帯を、市民たちの活動で埋めてもらったという事実から目をそらすべきではない。

●──外向け情報と内向け情報

紛争地取材と原発事故取材はリスクが高いという点で共通するが、違いもある。戦後の日本人にとって戦場や紛争地はいつも国外だったが、原発事故を含む災害は日本でもたびたび起こっている。

災害報道は被災地の「外」に情報を伝えるだけでなく、被災者への支援につながる情報活動を「内」に伝えることが求められる。被災地のメディアには住民を置き去りにして逃げるという選択はない。場合によっては経営者が従業員に頭を下げて、仕事をするよう願い出る場面も起こるし、現場スタッフにも自律性が求められる。平時に作ったルールやマニュアルには穴があることを意識しておくことが重要となる。

●──FMいわきの事例

２０１１年３月12日。東日本大震災の発生から丸１日たった午後。福島第一原発１号機が水素爆発を起こした。地震と津波に打ちのめされた被災地にとって、これ以上ない追い打ちだった。原子炉建屋の上部が吹き飛び、白煙が吹き上がる数秒の映像は、人々をパニックに陥らせるに十分だった。

パニックは東京の報道関係者に及んだ。『週刊新潮』によれば、爆発後、共同通信社は福島にいる記者全員に「県外退避」を命じ、取材拠点の福島支局が無人になった。日本テレビは、アメリカ政府が自国民に80キロ圏内からの退避を呼びかけた同月17日、原子力問題に精通していたはずの社会部デスクが仕事を放棄して関西方面に避難した。[11] [12]

『ニューズウィーク』は、「一流」メディアの特派員たちが東京から外国に避難し、ＣＮＮのスター記者が不安まみれのレポートをしていたずらに不安を煽ったことを、批判的に報じている。[13]

先述の上丸によれば、１号機爆発の直前、朝日新聞社では原発から30キロ圏内に立ち入らない決定がなされ、記者たちは結果的に50キロ圏より外に避難した。政府が20キロ圏内に避難指示を出したのはその日の夜だった。

東北６県をカバーする河北新報社も福島県外への退避指示を出し、県内に記者が１人しかいない日が続いた。県域紙の福島民友新聞社も記者をなるべく遠くに退避させた。だが、どの企業もどのように記者を退避させたかについて、積極的に明らかにしようとはしていない。

●——「残ってくんねぇか」

大手メディアの取材者が次々と姿を消し、福島県の多くの市町村が情報空白地帯となった。そのひとつである県南部いわき市では、ＦＭいわき（いわき市民コミュニティ放送）が、即座に災害対策本部に中継装置を設置し、市長メッセージを伝えるなど災害関連情報を提供しはじめた。

当時、全戸が断水し、ライフラインが寸断されていた。常磐自動車道も通行止め。ガソリンも食料も手に入りにくくなった。原発に近い町村からは避難民が押し寄せる一方、いわき市民も北関東や北陸などへ避難しはじめた。

1号機爆発の2日後の14日には3号機が爆発し、15日には4号機も爆発した。これを受けて、政府は20～30キロ圏に屋内退避指示を出した。

放送の陣頭指揮を執っていたＦＭいわき社長の渡辺弘は16日夕、パーソナリティやアルバイトなど約20人の全スタッフに、その後の計画を説明したあと、9人のスタッフに「残ってくんねぇか」と懇願した[14]。

「いわき市民がもう半分くらい避難しているかもしれないけれど、災害対策本部があり、高齢者施設もあり、たくさんの人がつらい思いをしている。その人たちに対し使命を全うしないといけない。この会社はそのために作った会社だ」

■思考の道具箱■臨時災害放送局

災害発生時に、地方自治体が住民向けに情報を提供するために開設する放送局。通称、災害FM。阪神・淡路大震災の経験から1995年に制度化された。東日本大震災の被災地では多くの災害FMが開局し、被災者の救援や生活支援等のために放送をおこなった。コミュニティFM局が災害FMになることが多く、災害FMとして設立された局がそのままコミュニティFM局として地元に定着することもある。

FMいわきは阪神・淡路大震災を教訓に渡辺らが中心になって設立したコミュニティ放送局だった。このとき、高齢者や小さな子供がいる者は避難するよう勧めたのち、渡辺は2段階の行動案を示した。

●――市民の情報提供と激励

第1ステージは基幹となるスタッフで対応する。基幹スタッフとは、①パーソナリティやアナウンサー、②ミキサー、③デスク。3人1組が3パーティーあれば、8時間交替で24時間放送できる。9人に残ってくれるよう願い出た。正社員だけでなく、契約スタッフやアルバイトも含まれていた。

「無言の人もいましたけれど。『おまえは残ってくんねぇか』と。半分以上わたしが残りますと言ってくれたけど。口にしたかどうだか忘れちゃいましたけど、おまえの健康と命については全責任をもつ。場合によっては俺が刑事罰を受ける。そんな覚悟でした」

第1ステージが続けられなくなったら9人全員を退避させ、第2ステージに移行すると渡辺は説明した。第2ステージとは、食料と電源が尽きるまで渡辺ひとりが残るというものだったが、結果的にそのステージに移行することはなかった。

「わたしの決断を支えたのは、市民からの情報提供と励ましのメールです。これがなかったら、ブレていたかもしれません。『がんばれ』『聴いてるよ』『ありがとう』そんな声に励まされました」

［注］
［1］日本新聞協会編『取材と報道　改訂4版』日本新聞協会、2009年、119頁　［2］藤田博司・我孫子和夫『ジャーナリズムの規範と倫理』新聞

通信調査会、２０１４年、35-52頁

［3］山田健太『3・11とメディア：徹底検証新聞・テレビ・WEBは何をどう伝えたか』トランスビュー、２０１３年、63頁

［4］河北新報社『河北新報のいちばん長い日』文藝春秋、２０１４年

［5］テレビ朝日・福島放送制作「3・11を忘れない：その時、『テレビ』は逃げた〜黙殺されたＳＯＳ〜」２０１６年3月7日放送など参照

［6］外岡秀俊「災害・紛争取材のリスクとジャーナリズムの使命」『「危機」と向き合うジャーナリズム』早稲田大学出版部、２０１３年、34-47頁

［7］上丸洋一「上司の命令か、市民の命令か（上）：原発事故報道の教訓を探る」『Journalism』２０１３年6月号75-80頁

［8］森井裕一「ドイツ外交における同盟と統合：シュレーダー政権を中心として」『国際政治』２００５年１４０月号1-18頁

［9］SOS from Mayor of Minami Soma City, next to the crippled Fukushima nuclear power plant, Japan（https://www.youtube.com/watch?v=70ZHQ-cK40 ２０１６年10月22日取得）

［10］朝日新聞「『市民、兵糧攻め的状況』南相馬市長、動画サイトで訴え」アサヒ・コム、２０１１年4月1日18時33分（http://www.asahi.com/special/10005/TKY201104010269.html ２０１６年10月22日取得）

［11］ロイター「米政府、自国民に原発半径80キロ圏内からの退避勧告」２０１１年03月17日15：35ＪＳＴ（http://jp.reuters.com/article/idJPJAPAN20100620110317 ２０１６年10月15日取得）

［12］「『日テレ』デスク逃亡！『共同』退避命令！メディアに吹いた臆病風」『週刊新潮』２０１１年4月7日号42-44頁

［13］横田孝・山田敏弘「メディア　その時、記者は……逃げた」『ニューズウィーク』２０１１年4月6日号40-41頁

［14］畑仲哲雄「コミュニティ放送にジャーナリズムは必要か」松浦さと子編著『日本のコミュニティ放送：理想と現実の間で』晃洋書房、２０１７年

［参考文献］

伊藤守『ドキュメント　テレビは原発事故をどう伝えたのか』平凡社、２０１２年

門田隆将『記者たちは海に向かった』角川書店、２０１４年

河北新報社『河北新報のいちばん長い日』文藝春秋、２０１４年

武田徹『原発報道とメディア』講談社、２０１１年

報道人ストレス研究会編著『ジャーナリストの惨事ストレス』現代人文社、２０１１年

CASE：004
家族が戦場ジャーナリストになると言い出したら

1　思考実験

上がりかまちで靴ひもを結わえると、倅はすっくと立ち上がった。じぶんの背中ほどのショルダーバッグを肩から担げ、振り向いて言った。

「じゃあ、行ってくるから」

ぎこちない作り笑い。もしかして、これが見納めになるのだろうか。

そう思うと言葉が出てこない。

「おやじ、そんな心配そうな顔すんなよ」

倅は、困ったなあ、という表情で頭をかいてみせた。

わたしは親バカなのだろう。親バカで結構。言いたいやつらには言わせておけばいい。なんといっても、やつは自慢のひとり息子なのだ。

わたしが若かったころに比べれば、倅はずっとたくましい。アルバイトに明け暮れ、東南アジアや南米、アフリカをリュックひとつで旅した。語学も堪能。度胸もある。大学の卒業は一年遅れてしまったけれど、旅先で撮った映像を番組で紹介してくれた地元放送局に就職も決まった。内定したと聞いたとき、わたしは本人以上にうれしがっていたと思う。

すべてが順風満帆のはずだった。なのに、やつは、ただひとりの家族であるわたしになんの相談もせず、たった五年で辞表を書き、フリーランスになった。よりによって、鉄砲の弾が飛んでくる場所で映像取材する戦場ジャーナリストに。

昨晩、久しぶりに差し向かいで飲んだ。

「わかってくれよ。おれは世界で勝負したいんだ。じぶんを試したい」

「そんな危険な場所じゃなくても、自分を試せる場所はあるはずだ」

「わかっちゃねぇな。戦場には報道カメラマンが必要なんだ。なにが起きているか伝える人が。取材してる人間がいる地域は、攻撃されにくいし」

「でも、縁もゆかりもないところだろ。なんでおまえが命を張る必要があるんだ。だいたい、この日本にも困ってる人は大勢いるじゃないか。なぜ外国の……」

沈黙が一分ほど続いた。

「ありがとう、ごめん、許してくれ」やつは軽く頭を下げた。世のため人のためというのではなく、ジャーナリストとして一旗揚げたいのだ。やりたいようにやらせてほしい。歳を取ってからではできない仕事をやりたいんだ。倅はそう言った。

「もちろん生きて帰ってくるよ。けど、もし、……もしもだけど、おれが向こうで何かに巻き込まれてもさ、毅然と振る舞ってくれよな。ぜんぶ自己責任だから」

いまも頭の中で「自己責任」という倅の言葉がこだまする。今度の取材は、これまでとは違うのかもしれない。ジャーナリストが相次いで亡くなっている。次はやつか。

息子はドアを開けた。朝のまぶしい光が玄関に差し込む。「元気で」そう言って、倅は家を出ようとしている。目眩を感じた。引き留めるのならまだ間に合う。

親としてわたしは、いったい、どうすればいいのだろう。

[A] 送り出す立場

覚悟が必要だ。彼には彼なりの野心もある。危険な地域に赴いて医療支援や平和活動をする人たちがいる。戦場ジャーナリストの仕事もそれと同じ。彼を誇りに思うべきだ。笑顔で送り出せ。「かならず生きて帰るんだぞ」と。

[B] 引き留める立場

彼を引き留めることができるのは、わたししかいない。世界で活躍するチャンスかもしれないが、経験豊富なジャーナリストたちも運悪く命を落としているじゃないか。「行くな……、父の頼みを聞いてくれ」と懇願しよう。

2 異論対論 [B] 引き留める立場

彼はわたしにとって最愛の家族だ。縁起でもないが、もし万が一のことがあったら、わたしは生きる意味を失うだろう。彼を大切に思う人は、わたし以外にもいるはずだ。つまり、彼の人生は彼ひとりのものではない。平和な世に生まれた彼を、むざむざと戦場に行かせる親がどこにいる。カッコをつけていないで引き留めろ。

反論

紛争地のジャーナリストを「崇高」と思う人は、いまの時代少数だろう。ネットをみれば、「他人の不幸で賞金を稼ぐハイエナ」「危険中毒の社会不適合者」などと書かれることもある。もし人質になったりしたら「国に迷惑をかける厄介者」呼ばわりだ。家族も友人もみなバッシングを浴びることになる。彼はその責任を取れるのか。

再反論

空理空論はもうたくさんだ。国が渡航自粛を要請し、大手メディアが特派員を引き上げた危険な地域へ行くのは、傭兵や志願兵のようなものだ。弾に当たるか当たらないか。極論すれば運次第ではないか。いい写真を撮ったとしても紛争はやまない。それくらい息子も知っているはずだ。戦地に行くならわたしが死んでからにしてほしい。

2 異論対論 [A] 送り出す立場

彼は、みずからの自由意志で紛争地へ赴くプロの報道写真家だ。たとえ政府であろうと、ただひとりの親であろうと、彼の行動を阻止する権利はない。わたしが心配していることは、彼も承知している。それでも行くというのだ。彼には自由に行動する権利もある。その意志は尊重すべきだ。彼を大事にしているなら、笑って見送ろう。

反論

彼を突き動かしているのは、世界で認められたいという野心だけではないはずだ。世界は不条理に満ちている。苦しみや嘆きを伝える報道写真家は、赤十字など人道支援の活動家と同じく貴重な存在で、その使命は崇高だ。紛争地には倅を必要としている人々がいる。そんな倅をわたしは誇りに思っている。

再反論

ジャーナリズムの重要性を人々に理解させるのも、ジャーナリストの仕事ではないか。抑圧、搾取、暴力……。権力者が隠そうとする事実をさらけだす。そんな立派な仕事をした先達は世界に大勢いる。彼はそんな仕事がしたいのだ。だから、何があっても、泣きごとを言うべきではない。笑顔で送りだしてやろうじゃないか。

「戦争の最初の犠牲者は真実だ（The first casualty of War is truth）」。

アメリカの上院議員ハイラム・ジョンソンが百年ほど前に放った至言は、すこしも色あせていない。戦争のほんとうの姿を報告するジャーナリストは、わたしたちの市民社会に不可欠な存在だ。歴史をひもとけば、じっさい、国家はたびたび嘘をついてきた。ジャーナリストにとっての〝困難〟は国家と言ってもいいだろう。

3　実際の事例と考察

●――ジャーナリストの国籍

ジャーナリストの多くは客観的で中立的な観察者であろうと意識する。自国内で自国民に向けて仕事しているかぎり、「客観」「中立」という立場を強弁できるかもしれない。だが、ひとたび国外に出れば、否が応でも「外国人ジャーナリスト」となる。国内にいるときに意識しなかったじぶんの国籍を意識せざるをえない。

もしもじぶんの国が戦争をはじめてしまったら、「敵国」の戦争被害者の目には「敵国の情報戦士」と映るかもしれない。いや、きっとそれだけですまない。自国政府はプロパガンダのためジャーナリストを利用しようとするだろう。欧米のジャーナリストを中心に国境を越えたNGO組織[1]が作られたが、個々のジャーナリストはナショナリティやエスニシティから自由ではない。

では、戦争当事者ではない国のジャーナリストが、「客観」「中立」という立場を装えるかといえば、かならずしもそうではない。たとえばベトナム戦争で毎日新聞記者の大森実が北ベトナム（当時）に入って取材したとき、「西側記者として初めての快挙」と評された[2]。だが、アメリカ駐日大使のエドウィン・ライシャワーから偏向報道と批判されるなどさまざまな圧力を受け、大森は毎日新聞社を退社している。

他方、戦争当事国のニューヨーク・タイムズ特派員デイヴィッド・ハルバースタムは、アメリカの戦争に否定的な記事を書き[3]、戦争報道経験者でCBSの看板キャスターだったウォルター・クロンカイトも戦争継続に疑義を唱えた。２人の仕事は自国の戦争が正当かどうかを疑うことだった。

●——家族の受難

戦争を取材する者にとって、もうひとつの〝困難〟は、家族をはじめとする身近な人たちだ。無事の帰国をひたすら待つ家族の心労は尋常ではない。映画『おやすみなさいを言いたくて[4]』は衝動に駆られて危険な取材をする戦場カメラマンと家族との愛憎を描く。危険地をゆくジャーナリストの仕事は社会的に意義深いかもしれない。だが、家族や身近な人たちの犠牲なしに成立しないとすれば、その仕事に身を投じる意味はどこにあるのだろう。

他方、紛争地で何が起こったのかを記録する仕事には、人道的な側面がある。月刊誌『デイズ・ジャパン』元編集長の広河隆一は、長年にわたるパレスチナ取材を通して、取材者がいることで殺戮が防げることがあると力説する[5]。市民活動家でもある広河に言わせれば、ジャーナリストは無駄

■思考の道具箱■ CPJ

1981年に設立され、ニューヨークに本部を置く国際NGO、Committee to Protect Journalistsの略。CPJは公式ホームページでジャーナリストを保護する根拠を次のように記している。「ジャーナリズムは政府と人々の力関係における重要な役割を担っている。ジャーナリストの沈黙は、人々の沈黙と同じである。CPJはジャーナリストを守ることで、表現の自由とデモクラシーを守る」。CPJが確認したデータによれば、職務中に亡くなったジャーナリストは近年顕著に増加。1990年代後半から2003年までは20〜40人台で推移していたが、2012年に74人、13年は73人、14年61人、15年73人に上った。殺害まではいたっていない拷問や傷害、投獄、脅迫などを含めれば、被害者の数は膨大な数に上るだろう。

な血が流れるのを防ぐ楯となるということだ。

●――吹き荒れた自己責任論

だが21世紀にはいり、日本の自衛隊がイラクに派遣されたころから、日本のジャーナリストや人道活動家たちが「第三者」ではなく、「当事国」の一員とみなされはじめた。２００４年、イラクでジャーナリストを含む３人の日本人が拘束され身代金を要求された。新聞各社は避難勧告を無視した人質の行動には自己責任があると非難する論説や記事を載せた。政府のなかには自作自演を疑う声もあり、[6]オンラインの掲示板でも自己責任論が相次いだ。やがて帰国をはたした３人とその家族にはすさまじい非難が浴びせられた。[7][8]

中東ではその後も、日本のジャーナリストが拘束される事件が相次ぎ、２０１５年1月には、イスラム過激派組織ＩＳ（イスラム国）の人質となっていたジャーナリストの後藤健二と湯川遥菜の殺害映像がインターネット上で公開された。犯人の言い分は、日本の安倍晋三首相がＩＳと戦う周辺諸国に2億ドルの資金援助を約束した演説への「報復」であった。

「何が起こっても責任はわたし自身にあります」。後藤はそんな動画メッセージを残していた。憎悪が沸騰し、じぶんの身近な人たちに非難が降りかかるのを危惧してのことだ。日本から紛争地に出向くジャーナリストにとって最悪の〝困難〟は、「国に迷惑をかけるな」「救出に税を使うな」などの冷酷で苛烈な言葉の洪水だろう。戦場ジャーナリストが人質になってしまったら、その家族や親密な人たちにはジャーナリスト本人とは別の厳しい「覚悟」が強要される。残念なことだがそれがいまの日本社会を覆うグロテスクな世情である。

いまいちど、ハイラム・ジョンソンの言葉を思い起こしたい。「戦争の最初の犠牲者は真実だ」。わたしたちの社会が「真実」を追うジャーナリストを失ったとき、国家は国民をいかようにも操縦できるようになるのだ。

●——美化された記者たち

いっぽう、危険な地域で仕事をするジャーナリストは英雄視され、美化されがちでもある。ヨーロッパ、北アフリカ、中東、アジアなど世界の戦場を渡り歩いたロバート・キャパはその代表例といえよう。キャパが最前線で撮った数々の作品は、欧米のジャーナリズム界で高く評価された。

写真だけではない。個性あふれる文章と甘いマスク、そして恋愛話もあいまってキャパは時代の寵児となった。だが、1954年にメコン・デルタで地雷に触れ命を落とした。そんなキャパの「語り部」は世界各地にいる。宝塚歌劇団も2012年に『ロバート・キャパ 魂の記録』[9]を上演した。

ベトナム戦争はジャーナリストにとっての大舞台だった。UPI通信の契約カメラマンだった沢田教一はフリーに転じたあと、ハーグ世界報道写真大賞やアメリカ海外記者クラブ賞、ピュリツァー賞を総なめにし「SAWADA」の名を世界に轟かせた。

■思考の道具箱■自己責任

じぶんの行為についてだけ責任を負い、他人の行為については責任を負わないというのが、近代法における「自己責任の原則」だ。隣接する概念に「自己決定権」がある。人格的自律権ともいわれ、国家などから干渉されずにみずからの行動を決める権利をいう。しかし近年、他者を責める言説のなかで「自己決定・自己責任」が用いられている。平たくいえば「自業自得」である。反貧困ネットワークの湯浅誠は、生活保護申請者などにぶつけられる「自己責任論」を強く批判している。同種の非難は、危機に陥ったジャーナリストやNGO関係者にも向けられる。じぶんたちが支払った税金を他人に使わせないというメンタリティがこの国を覆えば、公共の問題を考える契機を失ってしまうだろう。

そんな沢田もカンボジアで狙撃され34歳で世を去った。26歳で早世した一ノ瀬泰造は映画『地雷を踏んだらサヨウナラ』[10]や、『TAIZO　戦場カメラマン・一ノ瀬泰造の真実』[11]で感動的に描かれている。

●——死と隣り合わせ

だが、紛争地取材は、ドラマで伝えられるほど生やさしくない。[12][13]軍の指揮下に入るエンベッド取材ならともかく、紛争地の多くは無政府状態だ。守ってくれる部隊もなければ、信頼できる情報源も容易に得られない。過酷な状況下で取材を進めるには高度な技術と冷静で的確な判断力が求められる。

「戦争はジャーナリストを鍛える」といわれ、[14]功を成した者は同業者から尊敬されるが、落命したジャーナリストも多い。非営利組織「CPJ（ジャーナリスト保護委員会）」の調査によれば、1992年以降少なくとも1304人が殺されている（2018年5月現在）。国別ではイラクが突出し、シリアやフィリピン、アルジェリアなどが目立つ。[15]日本のジャーナリストの死亡は、ベトナム戦争時代がピークだったとされるが、イラク戦争以降少なくとも6人が命を落とした。

●——家族の苦悩

ベトナム戦争以来、世界の戦場を取材してきた超ベテラン橋田信介もそのひとりだ。橋田は2004年、バグダッド近郊を車で移動中に撃たれ、同行していた30代の甥ともども殺害された。妻の橋田幸子は『覚悟　戦場ジャーナリストの夫と生きた日々』で書名のとおり「覚悟」をしていたというが、[16]彼女自身がジャーナリストだったことが、毅然とした振る舞いを可能にしたのかもしれない。2012年に銃弾に倒れた山本美香も事実婚相手がジャーナリストで、実父も全国紙記者だった。

非業の死を遂げれば「英雄」だが、人質になれば「自己責任」。極端な世論の振れ方に違和感を抱いているのは、当のジャーナリストたちだ[17]。彼ら彼女らが戦場を取材する理由は人によっても違う[18]。先述の広河のような人道主義的なジャーナリストや反戦運動家のジャーナリストもいる一方で、「ハゲワシと少女」のケビン・カーターや、「戦場中毒」を自認する横田徹のようなジャーナリストもいる[19]。

極度の緊張を強いられる紛争地には生物としての人間の意識を変成させるなにかがあることを、橋田幸子もみずからの体験として自著に記しており、ジャーナリストの精神面のケアもメディア界の課題である。

［注］

［1］たとえば、国境なき記者団（Reporters Without Borders）があるが、本部はフランスのパリ（http://www.rsf.org）。

［2］日本共産党の機関紙『赤旗』と日本電波ニュース社は北ベトナムに常駐記者を置いていた。

［3］デイヴィッド・ハルバースタム『ベスト&ブライテスト［上・中・下］』浅野輔訳、朝日文庫、１９９９年

［4］エリック・ポッペ監督『おやすみなさいを言いたくて（*I, 000 Times Good Night*）』２０１４年日本公開のノルウェー・アイルランド・スウェーデン合作映画。モントリオール世界映画祭審査員特別賞作品。

［5］長谷川三郎監督映画『広河隆一：人間の戦場』２０１５年公開の日本映画

［6］国平修身「小泉・福田・安倍の『世論操作』13日間の真実」『現代』２００４年６月号２６０-２６７頁

［7］今井紀明「人質事件被害者が心境を語る：『死んで帰ってくればよかった』のか」『創』２００４年７月号40-44頁

［8］武田徹「戦場で人質となったジャーナリストの幻想」『中央公論』２００４年６月号54-63頁

［9］宝塚歌劇公式ＨＰ　空組『ロバート・キャパ　魂の記録』２０１２年１月27日-２月７日、作・演出：原田諒、主演：凰稀かなめ（http://archive.kageki.hankyu.co.jp/revue/backnumber/12/cosmos_bow_robertcapa/ ２０１６年６月20日取得）

［10］五十嵐匠監督『地雷を踏んだらサヨウナラ』１９９９年公開の日本映画。主演は浅野忠信。

［11］チーム・オクヤマ製作『TAIZO：戦場カメラマン・一ノ瀬泰

造の真実』２００３年公開の日本のドキュメンタリー映画。バーレーン国際人権映画祭最優秀ドキュメンタリー監督賞受賞。

[12] ルイーズ・F・モンゴメリー編／日本新聞協会国際部訳『危険な任務を帯びたジャーナリスト：命を保つための手引き』日本新聞協会、１９８７年

[13] 総合ジャーナリズム研究所編「戦場・紛争地域取材ハンドブック：戦場・紛争地域での取材ガイドラインと具体的事例」『総合ジャーナリズム研究』２００４年41巻2号49-51頁

[14] 武田徹『戦争報道』ちくま新書、２００３年

[15] 'Journalists Killed since 1992': Committee to Protect Journalists Official Home Page (https://www.cpj.org/killed/ ２０１８年5月12日取得)

[16] 橋田幸子『覚悟：戦場ジャーナリストの夫と生きた日々』中央公論新社、２００４年

[17] 危険地報道を考えるジャーナリストの会編『ジャーナリストはなぜ「戦場」へ行くのか：取材現場からの自己検証』集英社新書、２０１５年

[18] 吉岡逸夫『なぜ記者は戦場に行くのか：現場からのメディアリテラシー』現代人文社、２００２年

[19] 横田徹『戦場中毒：撮りに行かずにいられない』文藝春秋、２０１５年

[参考文献]

アンドレス・オステルガールド監督『ビルマＶＪ　消された革命』２００８年デンマーク映画

上本昌昭「責任概念の新しい様相：集合的責任論の批判的検討を中心に」『法哲学年報』２００８年、１５０-１５７頁

鳥賀陽弘道「個人主義は言論の自由の命　ハルバースタム氏の魂ジャーナリズム」『アエラ』１９９５年5月22日号

岡野八代「正義論／無責任の論理」『法社会学』２００２年、84-105頁

内藤準「自由と自己責任に基づく秩序の綻び：「自由と責任の制度」再考」『理論と方法』２００９年24巻2号１５５-１７５頁

野嶋剛「戦場から記者が消える：『政治』と『世論』におびえるメディア」『アエラ』２０１５年3月2日号

ハフィントンポスト「戦場ジャーナリスト『政府の情報に頼るのは民主主義の放棄だ』報道の意義考える討論会」２０１５年2月19日 (http://www.huffingtonpost.jp/2015/02/18/journalist-go-to-war_n_6708076.html ２０１６年6月4日取得)

安田純平「安田純平さんが本誌に書いていた手記：新聞社を辞めて戦場に行った理由」『創』２０１６年3月号97-１００頁

綿井健陽「空爆下のバグダッドでの取材の実情：バグダッド戦場取材で私が見たもの」『創』２００３年5月号１１２-１１９頁

山本美香記念財団 (Mika Yamamoto Memorial Foundation) 公式ホームページ (http://www.mymf.or.jp/ ２０１６年6月7日取得)

第２章
報道による被害

CASE：005
被災地に殺到する取材陣を追い返すべきか

1　思考実験

「迷惑だ、帰ってくれ！」そんな怒号が、急ごしらえの避難所となった公民館の玄関のほうから聞こえてきた。

豪雨による土砂崩れで、地域住民は二日前から避難を余儀なくされ、わたしは町会長として、避難所の責任者を任じられていた。

ようすを見にいったところ、狭い玄関口に数十人の記者がいて、地元の若者たちが追い返そうとしていた。

記者たちの態度はおしなべて丁寧で、取材に際しては被災者の心情やプライバシーに配慮すると頭を下げた。対する町の若者たちは、「見せ物じゃない」と声を荒らげていた。

若者たちはこの町で生まれ育ち、祭りや盆踊りなどに参加する真面目な青年だが昨夜のことを思えば彼らの怒りは、わたしにも理解できた。

災害で混乱の極みにあった小さな町に取材陣がやってきたのは、昨夜七時をすこし回ったころ。住民の安否確認がようやく終わった避難所に、一眼カメラを手にした新聞記者がひとり、またひとりとやってきた。

昨夜は、町会長であるわたしが一人ずつ応対して避難所内部を案内した。だが、そのうち記者が次々とやってきて、避難所内を勝手に取材しはじめた。気がつけば、テレビの中継車が三台ほど避難所に横付けされ、カメラを肩に担いだテレビ局のクルーも動き回っていた。

わたしは気が気でなかった。家を失ったばかりの人や、家族と連絡が取れずにいる人もいる。けが人や高齢者の介助の邪魔にもなる。元気に見えても、被災のショックは大きい。毛布にくるまって放心状態になったお年寄りや、震えながらおにぎりをほおばる子供たちに取材のカメラが殺到した。どの取材者も丁寧な取材を心がけていたと思うが、若者たちの目には、被災者がメディアの餌食になっているように映っていた。

一夜明け、若者たちが再度訪れた取材陣に「撮るな」と食ってかかった。すると、ひとりの記者が「責任者の町会長さんにお願いします」と大手テレビ局の名刺を差し出し、入り口から避難所内部のようすを望遠で三十秒ほど撮らせてほしいと言った。遠くからならと答えそうになったが、一社だけ特別扱いはできない。

そのとき別の記者が抗議した。「地元紙の記者がさっき中に入っていきましたよ」わたしは耳を疑った。若者たちは地元メディアを特別扱いしていたのである。

「あの記者さんは、地元民だ」一人の若者が反論した。「あんたら東京のマスゴミとは違って、けさも救援物資と新聞を届けてくれた」

取材陣がざわついた。

「地元民であったとしても取材者に変わりはないでしょう」「全国メディアを必要としている被災者もいるはずです」

避難所の責任者として、町会長はこの場をどう収めればよいのだろう。

[A] 全国メディアは帰ってもらう立場

A

いまは非常時であり、東京から大挙してきた取材陣の対応をしている余裕はない。ごたごたが続くようなら、帰ってもらうべきだ。わたしがもっとも大切にすべき対象は被災した地域住民で、メディアではない。

[B] 全国メディアにも入ってもらう立場

B

災害からの復旧と地域の復興には人・モノ・カネが必要だ。大手メディアには地元新聞にはない大きな影響力がある。その力を利用して、広く支援を訴えることは、結果的に被災者支援につながるはずだ。

2 異論対論 ［B］全国メディアにも入ってもらう立場

過去の災害を振り返れば、被災者支援が公的機関だけでまかなえると思ったら大間違いだとわかる。NPO やボランティア、企業、各種団体の力も借りたい。マスメディアによる情報活動も欠かせないはず。記者たちは被災した人たちに物資を届けたりすることはないが、事実を記録して伝達する専門家だ。全国メディアにもその役割をはたしてもらおう。

反論

新聞やテレビ業界ではメディアスクラムへの反省から対策が講じられてきた。すべての取材者を十把一絡げに危険視して遠ざけるのは間違っている。ダメな記者もいれば、優れた記者もいる。ダメな記者にはそのつど抗議し、優れた記者とはよい関係を築き、復旧・復興に役立つニュースを報道してもらうのが、町全体の利益にかなう。丁寧に対応するのが、責任者のつとめだ。

再反論

地元メディアの記者は地域共同体の一員だが、企業としてはどうだろう。地元の政治勢力や経済界と密接な関係がある地域メディアは、どうしても権力性を帯びる。その点、大手メディアは地元とのしがらみが少ない。記者の数も多く、防災問題に強い専門記者もいる。地元メディアさえあれば、その他のメディアは要らないという考え方は、きわめて閉鎖的で非建設的だ。

2 異論対論 ［A］全国メディアは帰ってもらう立場

最優先すべきは被災した地元民のケアだ。いまは役場の防災担当者や医療機関、警察など公的機関との連絡が欠かせない時期。報道機関に応対している時間も余裕もない。地元メディアは地域の一員だが、東京からやってきたメディアはしょせん部外者。悪くいえば、視聴率や部数競争という自己利益のためにやってきたと言えなくもない。今日は帰ってもらおう。

反論

いわゆる「絵になる」人や場面があれば、マスメディアの記者たちは一斉に飛びつくように取材するものだ。避難所のような限られた空間で自由な行動を許せば、競争が加熱しかねない。昨夜も、特定の人にカメラが殺到して混乱が起こった。混乱させてやろうという悪意をもつ取材者はいない。それでも、メディアスクラムは起こる。予見できる危険は回避するべきだ。

再反論

ダメな記者と優れた記者を簡単に選別できるだろうか。若者たちが、地元紙記者だけを優遇したのは、よそ者ではない安心感があったからだ。この地に暮らす記者は、地域の利益を最優先にするし、郷土愛もある。のぞき見趣味の報道に終止せず、復旧に尽くしてくれるだろう。よそ者の記者は、じぶんが信用に足ることを証明するべき。ただ「撮影させろ」だけでは足りない。

3　実際の事例と考察

マスメディアの記者が特定の場所に集中するのは、そこにニュースバリュー（報道する価値）があるからだ。大々的に報じられるか、地味な扱いになるかの判断基準として、マスコミュニケーション研究者のデニス・マクウェールは以下の10項目を挙げている。[1]

- 規模の大きさ
- 距離の近さ
- 意味が明確
- 短期間に推移する
- 社会との関連性の強さ
- 先行する期待やイメージと調和する
- 擬人化される
- 悪事である
- 重要度が高い
- 劇的かつ刺激的

●――ニュース価値と取材者

ニュースバリューには、過去にどのような記事がよく読まれたか、どの瞬間に視聴率を稼いだかという実績が反映され、それをジャーナリストたちが内面化し、増幅していると考えられる。マスメディアは、人々が欲しがる情報を予測し（ときに興味を惹起し）不特定多数に伝えるビジネスである。記者たちもじぶんの意志ではなく、総じてニュースバリューにしたがって行動させられているといえる。

だが、それは全般的な傾向にすぎない。

過去に起こった災害をつぶさにみていけば、被災した人々が能動的にメディアを選別していることも事実だ。大きな地震に見舞われた集落が地元メディアに協力する一方、東京や大阪から大挙してきた大手メディアを力づくで排除していた例もある。[2] マスメディアはこうした事例をほとんど報道しないが、近年はメディアスクラム（集団的過熱取材）の被害がソーシャルメディアでも批判されるようになり、マスメディア側も苦情窓口を設けるなど措置を講じはじめている。

●——新聞協会と民放連の指針

日本新聞協会は2001年に公表した見解で、メディアスクラムを「大きな事件、事故の当事者やその関係者のもとへ多数のメディアが殺到することで、当事者や関係者のプライバシーを不当に侵害し、社会生活を妨げ、あるいは多大な苦痛を与える状況を作り出してしまう取材」と定義し、以下の順守項目を掲げた。[3]

1　いやがる当事者や関係者を集団で強引に包囲した状態での取材は行うべきではない。相手が小学生や幼児の場合は、取材方法に特段の配慮を要する。

2　通夜葬儀、遺体搬送などを取材する場合、遺族や関係者の心情を踏みにじらないよう十分配慮するとともに、服装や態度などにも留意する。

3　住宅街や学校、病院など、静穏が求められる場所における取材では、取材車の駐車方法も含め、近隣の交通や静穏を阻害しないよう留意する。

日本民間放送連盟（民放連）も、新聞協会から少し遅れて、ほとんど同じ基準を公表した。[4] メディアスクラムが発生した場合、両団体とも第1段階として、現場の記者クラブや支局長会などで協議することにしている。現場レベルで解決できない場合、第2段階として、解決策を協議する調整機能を備えた組織（協議機関）の場を設定するよう申し合わせた。

●――警察を頼みにする被害者

2005年に新聞協会がまとめた報告書によれば、協議機関は全都道府県に作られており、メディアスクラム問題について、17都府県で協議機関が、16都道府県で記者クラブなどの協議機関以外が対応したという(重複事例もあり合計28都道府県)。

報告書によれば、親族や家族からの要請に基づく協議がもっとも多かったが、自治体や警察から要請された例もあった。その点について、新聞協会は小冊子を通じて「事件・事故の当事者や関係者から要請を受け、警察などがその仲介・伝達に入ることがありますが、警察側に都合よく利用されないよう留意する必要があります」と注意を促している[5]。しかし、事件事故によって発生したメディアスクラムで困っている人たちが警察を頼みにするのは自然なことでもある。

大手マスメディアの記者たちは、それぞれが職業的な使命を意識しているだろうし、近年はコンプライアンス意識も高まっている。しかし、十分気を配って慎重に取材しようとしても、狭い場所で押し合いへし合いの諍(いさか)いは起こりうる。そもそも、静穏が求められる病院や避難所のような場所に大勢の取材者が押しかけるのは言語道断だ。

> **■思考の道具箱■メディアスクラム**
> カメラやマイクを持った多数のメディア関係者が、ラグビーのスクラムのように押し合いながら同じ対象を取材することで起こる報道被害。この言葉は、BBCが1996年に公表したガイドラインで初めて使われた[6]。2005年版ガイドラインは、大勢の報道陣が集まると、威嚇的で強引なメディアスクラムが発生することに注意を呼びかけ、代表取材をしたり、撤退したりすることが適切な場合もあると記している[7]。

●――チキンレースを強いられる記者

メディアスクラムの解消策は、現場で協議して代表取材をするか、現場から引き上げるかしかない。自助努力でメディアスクラムを防げれば、メディア規制の動きを牽制でき、報道各社が市民社会からの信頼を取り戻せるはずだ。そうした努力が、結果的に言論表現の自由を守ることにつながる。

しかし、報道各社のほとんどが直接取材を原則としていて代表取材には積極的ではない。多数のライバル社がいるところで、自社の記者を撤退させれば「特オチ」になる。日本のメディア業界が形成してきた職業文化のなかでは「報道被害が生じたので取材を中止しました」という態度は懲罰ものだろう。現場に放り出された取材記者は、「ライバル社に負けるな」「メディアスクラムで加害者になるな」という二つの矛盾した命令の板挟みになりながら、チキンレースを強いられる。このような状態が続けば、報道各社が言論表現の自由という存立基盤を自分の手で掘り崩しかねない。

メディアスクラムの事後処理として「協議機関」を設けただけでは不十分で、問題を起こしたメディア企業の部署や番組名を積極的に公開し、第三者機関など外部組織に検証を求める必要もあるだろう。そのうえで「特オチ恐怖症」や「横並び体質」という業界の因習を克服していかなければならない。

●——雲仙・普賢岳で起こった惨事

マスメディアの記者が殺到して惨事を引き起こしたもっとも深刻で悲惨な事例は、長崎県島原町の火砕流災害だ。

１９９０年11月、雲仙・普賢岳から白煙が上がり二百年ぶりに噴火した。小さな噴火や有感地震が続き、地元住民は長期の避難生活が続いていた。そこへマスメディアの取材陣が殺到し、連日の報道合戦を繰り広げていたところ、91年6月に大火砕流が発生。報道関係者16人を含む計43人が犠牲になった。戦後の報道史に残る惨事であった。

■思考の道具箱■合理的な愚か者

記者たちが理にかなった取材をしていても、「合理的な愚か者」と化すことがある。「合理的な愚か者（rational fool）」とは、経済学者アマルティア・センの鍵概念で、合理的であるがゆえに望ましくない結果をもたらす行為者を指す。センは、新古典派経済学が想定する「自らの効用を最大化する経済人」を批判する一方、「思いやり（sympathy）」と「使命感（commitment）」という２つの倫理概念を経済理論に導入した。取材者が、有益な情報を社会に届けようとするあまり、結果的に愚か者と化すことを避けるには、制度を整えるだけでは足りない。

避難所で寝ている高齢者にマイクを向けるテレビに対する怒りの投書が新聞に載り[8]、無人家屋から盗電していた記者の存在も雑誌で暴露された。「何が報道の自由だ。あんたらさえいなければ被害は半分もなかった」。そんな消防団員の言葉のとおり[9]、取材が過熱していなければ、タクシー運転手、アルバイト学生、消防団員、警察官らも命を落とすことはなかった。

報道各社には厳しい批判が寄せられた。一部の取材者たちの行状は、報道への信頼を著しく損なった。

●——相次ぐメディアスクラム

メディアスクラムは、その後も耳目を集める事件事故のたびに発生してきた。１９９４年の松本サリン事件、97年の神戸連続児童殺傷事件、東電ＯＬ殺人事件、奈良月ヶ瀬村女子中学生殺人事件、98年の和歌山毒物カレー事件、99年の光市母子殺害事件、桶川ストーカー殺人事件、２０００年の本庄保険金殺人事件、01年の大阪教育大附属池田小事件……。

この間、インターネットが普及して報道への批判も強まり、新聞協会や民放連が01年になってようやく対策に乗り出した。だが、メディアスクラムが止むことはなく、深刻な人権侵害が相次いだ。

05年の広島小１女児殺害事件ではメディアスクラムの対応に警察が積極的に介入し、被害者遺族が記者クラブに文書で取材の自粛を要請した。翌06年の秋田県藤里町の児童連続殺害事件では、山あいにある容疑者宅の前に百人を超す取材陣が張り込んだ。07年の香川県坂出市の祖母・孫殺害事件でも取材陣のため被害者家族が外出できなくなった。

●――逃げ場のない地元記者たち

取材者たちに内省や成熟を促し、世界観や人生観を変えさせたのは、被災者たちからの眼差しだ。とりわけ被取材者と距離が近く、「書き逃げ」が許されない地域メディアのジャーナリストの体験からは、学ぶべきものが多い。

「うちはマスコミお断り。写真もない。あなたたちに話すことは何もない。帰ってくれ！」

こんな書き出しで始まる小さなコラムが『熊本日日新聞』の２０１６年5月29日付朝刊に掲載された[10]。記者の横山千尋が、熊本地震の取材で犠牲者の遺族から直接浴びせられた言葉である。横山が向き合った遺族は、東京の大手メディアから取材攻めに遭い、すっかりマスコミ不信に陥っていた。いったんは拒絶された横山だが、報道腕章をみせて地元紙『熊日』の記者だと告げた。すると家に上げてもらうことができ、写真も提供してもらった。遺族は横山にこう語ったという。

「熊日さんは、私たちと同じ熊本県民。一緒に被災した熊日さんだけは、ほかのマスコミとは違う。協力せなんタイ」

遺族にとって、同じ水を飲み、同じ方言を話し、運命を共有する地元メディアの記者は、東京や大阪から大挙してやってきた大手報道機関の記者たちにはない信頼感があったことは想像にかたくない。

●――じぶんの仕事を疑う能力

対象との距離が近いがゆえに、地元紙が住民から厳しく批判され、容赦なく叱責されることもある。「何の権利があって撮るんや。新聞は何をしてもええんか」「きれいごとばっかり書くな」……。阪神・淡路大震災で、神戸新聞記者たちは、怒りと疲労に包まれた被災者から発せられる厳しい言葉から内観する機会を得ていた[11]。

「こんな時に、カメラのシャッターを切り、動いている人の手を止めさせて話を聞くことに、どれほどの意味があるのか。取材しながらも、じぶんの仕事に対する疑問がじわじわ広がっていった」

宮城県の河北新報社は、東日本大震災発生から数日後、1面トップの記事に「犠牲『万単位に』」という見出しを付けた。最初、編集端末の画面には「死者『万単位に』」の文字があった。締め切り直前になって整理記者が、とっさに「死者」を「犠牲」と変更した。地元の人たちの心情を想像するうちに、じぶんの感情が拒絶反応を起こしたという[12]。全国紙の見出しは「死者は1万人以上」(読売)、「死者は万人単位」(朝日)だった。このほか、河北新報社は共同通信社が配信したスクープ写真の掲載を見送った。人が津波にのみ込まれようとする組み写真は、河北新報社以外の数多くの新聞に掲載された。

こうした数々の経験から得られた疑問や教訓をいかに継承していくかが問われている。

[注]

[1] デニス・マクウェール『マス・コミュニケーション研究』大石裕監訳、慶應義塾大学出版会、2010年、404-405頁

[2] 2004年の中越沖地震で、地元紙の新潟日報記者だけに取材を認めた集落があったことを、同紙記者から直接聞いた。

[3] 「集団的過熱取材に関する日本新聞協会編集委員会の見解」日本新聞協会公式ホームページ、2001年12月6日 (http://www.pressnet.or.jp/statement/report/011206_66.html 2017年1月2日取得)

[4] 「集団的過熱取材問題への対応について」日本民間放送連盟、

2001年12月20日（https://www.j-ba.or.jp/category/topics/jba100553 2017年1月2日取得）
[5] 日本新聞協会編『取材と報道　改訂4版』日本新聞協会、2009年、43頁
[6] 柏倉康夫『マスコミの倫理学』丸善出版事業部、2002年、149頁
[7] BBC (2005) EDITORIAL GUIDELINES : The BBC's Values and Standards (http://www.bbc.co.uk/guidelines/editorialguidelines/assets/guidelinedocs/Producersguidelines.pdf 2017年1月3日取得)
[8] 朝日新聞1991年6月4日「災害避難者に慎み欠く取材（声）」
[9] 毎日新聞2002年6月7日「[普賢岳災害に思う] まる11年の6・3／長崎」勝野昭龍
[10] 熊本日日新聞2016年5月29日「私はマスコミではない」デスク日記・横山千尋
[11] 神戸新聞社『神戸新聞の100日：阪神大震災、地域ジャーナリズムの戦い』プレジデント社、1995年、186頁
[12] 河北新報社『河北新報のいちばん長い日：震災下の地元紙』文藝春秋、2011年、115-117頁

[参考文献]
朝日新聞社会部メディア班編『新聞をひらく：わたしたちの現場から』樹花舎、1999年
山田健太『3・11とメディア：徹底検証新聞・テレビ・webは何をどう伝えたか』トランスビュー、2013年
岩手日報社編集局『風化と闘う記者たち：忘れない平成三陸大津波』早稲田大学出版部、2012年
日隅一雄『マスコミはなぜ「マスゴミ」と呼ばれるのか：権力に縛られたメディアのシステムを俯瞰する［補訂版］』現代人文社、2012年
アマルティア・セン『合理的な愚か者：経済学=倫理学的探究』大庭健・川本隆史訳、勁草書房、1989年

CASE：006
被害者が匿名報道を望むとき

1　思考実験

社にあがってきたサツ担が、デスク席にやって来るなり言った。「匿名にすると約束しました。ネットには中傷が出回ってますし、嫌がらせの電話もあります。ぼくは実名で書きたくありません」

おい、なにを血迷ってるんだよ。わたしはそんな言葉をぐっと飲みこむと、サツ担のほうを向いて言った。「理由を言ってみろ」

ことの始まりは、けさの県警での記者発表だった。サツ担は訥々と説明し始めた。

＊　＊　＊

県警広報課の発表によると、市内の小学校で一昨日、二年生の女子児童が昼休みにいなくなりました。教職員が手分けして探したところ、近くの用水路で溺れているのが見つかり、病院で死亡が確認されました。すべて匿名発表でした。理由は「ご遺族の強い希望」です。

発表の最後、刑事課長は報道陣にクギを刺すのを忘れませんでした。「通学途上の児童たちへのインタビュー行為は絶対に控えてください。われわれ警察からもお願いします」と。

亡くなった少女の名前や自宅はすぐに割り出しました。その日自宅で通夜が営まれることも。弔問すれば遺族のようすがわかるし、うまくすれば取材できます。そう考えて、ぼくは喪服姿で〝取材〟に出かけたのです。

どさくさに紛れて家に上がりました。参列者は二十人ほど。他社の姿はありません。正面に祭壇が組まれ、少女の両親と思われる夫婦が固まって座っていました。

祭壇に進み焼香しました。小さな棺があって、幼い顔がのぞいていて、もらい泣きのマネをしてハンカチで目頭を押さえました。そのとき、受付のほうから駆け寄ってきた男性に腕を強くつかまれました。「取材はおことわりしています」

へたな言い訳をせず、膝を折って頭を下げました。「申し訳ありません。申し訳ありません」いたたまれなくて、ただじっとしていたら、少女の父親の声がしました。

「そっとしてください。名前も顔も出さないで」

嘘泣きだったのに涙があふれました。「約束します」と言って辞去してきました。

＊　＊　＊

サツ担の気持ちもわかる。だが……。「そうは言っても、うちは原則実名だしなあ」

わたしは頭を抱えた。「どうせネットでは名前も写真も出回っているんだろ。他社（ヨソ）は書くんじゃないか。うちだけ匿名にするには理由が必要だよな」

「それは、『みんなで渡れば怖くない』という論理ですよ」サツ担は眉間にしわをよせる。「じゃあ、デスクは、ぼくに、あの人たちを苦しめろと命じるんですか」

わたしは返答に窮した。実名報道がわが社の基本方針だが、場合によっては匿名にしてきた。今回はどうすべきだろうか。

[A] 実名で報道する立場

ジャーナリストに必要なのは同情心ではなく理性と勇気だ。取材記者は明らかに冷静さを失っている。そんなとき、デスクは冷静であるべきだ。実名報道の原則は権力監視に不可欠で、軽々に揺るがすべきではない。

[B] 匿名で報道する立場

他人の痛みを理解できない者は報道に携わるべきではない。わが社の報道指針は、日々現場で起こっている問題をもとに鍛えられてきた。サツ担は勇気をふるって匿名報道する理由を説明した。彼の気持ちを受け止めよう。

2 異論対論［B］匿名で報道する立場

名前をさらされたくないという遺族の願いを一方的に踏みにじる権利がだれにあるのだろう。事件事故に巻き込まれた市民の実名や写真を不特定多数の人に広く知らせることが、国民の「知る権利」に応えることになるのか。実名報道の論拠は権力監視であり、大衆の俗悪な興味に応えることではない。傷ついた市井の人に、さらなる傷を覚悟させる権利は、メディアにはない。

反論

事件事故の被害者のなかには、情報提供を募るため実名報道を望む人がいる。だが今回は違う。実名と顔を出さないでもらいたいと懇願された記者が、参列者が見つめる前で涙ながらに確約し、デスクに匿名報道したいと訴えた。その記者を再び通夜会場に派遣し、実名報道の許可を取らせることは、ジャーナリストとしての尊厳をも踏みにじることになる。少なくとも今回は匿名だ。

再反論

社主や経営者だけに「編集権」があるのではなく、末端の記者やデスクたちにも「内部的自由」があるという考え方がある。編集方針は、市民社会とメディアとの約束のようなもので、必要に応じて見直さないといけない。市民社会の側の変化を敏感に察知できるのは、やはり現場の記者たちだ。この機会に匿名報道することが、将来「英断」と称賛されるかもしれない。

2 異論対論 ［A］ 実名で報道する立場

報道の意義は、歴史の記録と検証可能性の確保である。それが「知る権利」を支える。あらゆる人が正確な事実を知る必要から実名報道の原則は国民に支持されてきた。むろん例外はある。暴力団事件や性犯罪の被害者は、生活権が侵害されることが明白なので匿名だった。ところが今回、匿名にするだけの十分な理由は見当たらない。市民社会に奉仕するため、実名原則を貫くべきだ。

反論

わたしたちの役割は、同じような事件事故を防ぐため、傷ついた人に寄り添い、その痛みを伝えることだ。死んだ人間は生き返らない。少女の名前は彼女が生きた証しであり、尊厳を示すものだ。いまは事件か事故かわからない段階だし、警察が情報を握りつぶす危険性がゼロではないのだから、権力監視のためにも実名報道は欠かせない。犠牲者の家族を説得して実名で報道しよう。

再反論

わが社は実名報道の編集方針を掲げ、読者からも支持されてきた。サツ担もわたしも、それを承知で入社した。今回いきなり匿名報道したいと提案をするのは、やはり唐突すぎる。社主や経営者は、一介の記者やデスクに編集方針を変える権限を認めていない。報道の一貫性を保つことも組織ジャーナリズムには不可欠だ。いまから別の記者に取材を命じてでも、実名報道させよう。

3　実際の事例と考察

日本のマスメディア界で本格的な匿名報道論争に火を点けたのは、浅野健一が１９８４年に出版した『犯罪報道の犯罪』だった[1]。実名報道によって容疑者の人権が著しく侵害されていることを、当時現役の取材記者だった浅野は問うた。刑事裁判に推定無罪の原則があるが、報道各社は逮捕時に犯人視報道している。そんな浅野の批判は、業界の内外に大きな反響を巻き起こした。

●──被害者匿名報道の前例

ただし、それ以前から報道各社は被害者については部分的な匿名報道をおこなっていた。たとえば読売新聞社では半世紀以上前から「記事にしない場合」の内規を設けている[2]。代表的なものを抜粋しよう。

●犯罪記事

一、婦女暴行事件の被害者

一、暴力団事件の被害者で、お礼まいりなど後難をうけるおそれが明白な場合／本人が氏名を公表されることを好まない場合

●家出

正式に捜索願いが出されず、家族の者も家出内容の公表に同意しない場合は原則としてとりあげない

●心中、自殺

一、未遂に終わった未成年者の公表／心中で１人が死亡、１人が未遂の場合、母子心中で子供だけが助かった場合

●事故（災禍）

一、アベック、人妻などの事故で、家庭の不和、生活権の侵害をまねくと思われる部分にはふれぬこと他社もほぼ同様の基準を掲げており、報道各社は被害者や犠牲者に対し、早い段階で一定の配慮をしていたことがうかがえる。こんにちの個人情報やプライバシー概念を、半世紀前の記者が意識していたとは考えられないが、「新聞沙汰」という言葉に象徴されるように、加害者には可罰的で、被害者には同情的であった。その傾向は戦後の記者たちにも受け継がれ、浅野の『犯罪報道の犯罪』が出るまで加害者の人権は後回しにされてきたように思われる。

●――集中して起こった報道被害

だが、その被害者・犠牲者の側が、ある時期からマスメディアに対して「ノー」を突きつけるようになった。犯罪にとどまらず、事故や自然災害の被害者や遺族たちも、警察に匿名発表を依頼したり、取材に訪れたジャーナリストを追い払ったりするケースも珍しくなくなった。そこに至るまでには、いくつもの要因が絡み合っている。

第一に指摘しておくべきは、マスメディアによる相次ぐ報道被害と、それに伴う信用失墜がある。それらは１９８０年代から90年代にかけて続発した。

１９８１年創刊の『フォーカス』、84年の『フライデー』に代表される写真週刊誌が、著名人のみならず事件や事故の当事者の私生活を容赦なく暴いた。84年には『週刊文春』が「ロス疑惑」キャンペーンを始め、民放各局のワイドショーを巻き込む社会現象となった。さらにメディア自身の不祥事もあった。85年はテレビ朝日「アフタヌーンショー」で「やらせリンチ事件」が刑事事件に発展し、89年は『朝日新聞』の写真記者がサンゴ礁を自ら傷つけた捏造報道（朝日新聞サンゴ記事捏造事件）が批判を招いた。いくつもの「虚報」「誤報」が次々と明るみに出た。

■思考の道具箱■サツ回り
警視庁や県警本部の記者クラブなどに所属し、警察内部を取材する事件記者の俗称。読売新聞社のエース記者として鳴らした本田靖春は自身の経験をもとに『警察（サツ）回り』を著し、この言葉が広く知られるようになった。現在では「サツ担」などと呼ばれ、新人記者に担当させることが多い。

●――日弁連からの提言

その後もマスメディアの不祥事や事件は相次ぐ。95年に松本サリン事件の冤罪報道、97年の神戸酒鬼薔薇事件、98年の和歌山毒物カレー事件、２０００年の大阪教育大附属池田小事件ではメディアスクラムによる人権侵害が起こった。99年にはテレビ朝日ニュースステーションによるダイオキシン風評被害も大きな批判を浴びた。97年の東電ＯＬ殺人事件では深刻なプライバシー侵害が発生した。

日本弁護士連合会（日弁連）は１９８７年に「人権と報道に関する宣言」を発表し、メディア各社にプライバシーに配慮することや、犯罪報道における匿名の範囲を拡大することなどを早くから求めていた。99年には「報道のあり方と報道被害の防止・救済に関する決議」を公表し、87年の「宣言」に加え、情報公開制度を活用することや、社内オンブズマンの創設、「報道評議会」などの第三者機関を設置して報道被害の救済に努めることを強く要求。放送倫理・番組向上機構（ＢＰＯ）の初代理事長を務めた清水英夫は、マスメディアが間違いを犯す理由を以下の5点にまとめた。[3]

- 傲慢さ
- ジャーナリストとしての不勉強、経験不足
- 予断・思い込み
- 過剰な視聴者サービス

●過剰な自己規制

清水の指摘は注目に値するが、引きも切らず起こってきた不祥事や報道被害の原因を、一部の社員だけに帰責してよいのだろうか。たしかに、自己顕示欲や出世欲を抑えられない問題社員もいたかもしれない。だが、不祥事を起こしたメディアには視聴率や部数獲得への欲望はもちろん、読者や視聴者はどうせ低俗な関心しかもっていないだろうという侮りがあったはずだ。リスクを取材現場だけに押しつける体質もある。

●——メディア規制と匿名化傾向

第二に挙げておきたいのは、「メディア規制」と「匿名社会」への流れだ。

政府は2002年と03年の国会に「人権擁護法案」を提出した。差別や虐待、セクハラになど加え、報道機関による過激な取材も人権侵害とするこの法案に対し、報道各社は「取材・報道の自由」の抑圧につながると猛反発した。[4] 人権擁護法案は廃案となったが、政府は03年に「個人情報保護法」を、翌04年には「犯罪被害者等基本法」を成立させた。この二つの法律がマスメディアの萎縮と匿名化の風潮を促してきた。

05年に全面施行された個人情報保護法は、報道機関の取材に対して官公庁や民間企業が個人情報を出さない理由に使われた。この法律は、大学等の研究者などとともに報道機関や取材者も「適用除外」としていて、役所や企業が情報提供しても違法性は問われない。しかし現実は、「個人情報なので……」と情報提供を断るケースが相次いだ。[5]

犯罪被害者等基本法は、警察の匿名発表をもたらした。この法律に基づいて05年に閣議決定された「犯罪被害者等基本計画」が、事件の被害者を実名で発表するか、匿名にするかの判断を名実ともに警察に委ねたからだ。[6]

権力によるメディア規制は、メディア関係者の取材を困難にするだけにとどまらない。国家が情報を一元管理する体制を強めるとともに、報道の権力監視機能を弱める状況を引き起こした。[7]

同時に、市井の人々が個人情報に過敏になる「匿名社会」と呼ばれる現象が浸透した。学校現場では児童宅の電話連絡網を廃止し、卒業アルバムに住所や電話番号を載せなくなった。患者を名前で呼ばず、「○番の患者様」と番号で呼ぶ病院も現れた。[8] 個人情報の扱いを恐れる匿名社会は、コミュニティの空洞化や無縁化を促したとも考えられる。

●──報道の使命とは何か

こうしたいくつもの要因が絡み合うなか、人々のコミュニケーションと表現の道具としてソーシャルメディアが普及していく。報道各社が匿名にする少年事件の加害者のプライバシーまでネット上で暴露されることも珍しくなくなった。また、事実か嘘かわからない情報が一人歩きし、インターネットでは意図的に拡散されるフェイクニュースが報道機関のニュースに混じって読まれるようになっている。

報道機関の使命とはなにか。たとえば日本新聞協会は以下の三つにまとめて説明する。[9]

- 「知る権利」への奉仕
- 不正の追及と公権力の監視
- 歴史の記録と社会の情報共有

さらに実名で報道する根拠を、以下の項目ごとに解説している。

- 訴求力と事実の重み
- 権力不正の追及機能
- 訴えたい被害者

上記の説明は、マスメディア内部の意見のすり合わせや、権力に対する説明として一定の効果があるだろう。報道機関のニュースは、民主的な社会を維持するため、公共の関心に応える情報を広く伝えることに意義がある。その条件として、ニュースは正確な事実に基づく必要がある。歴史を記録し、後の世に検証の手がかりを残すためだ。[10]

●——記者の涙

だが、事件事故や災害の被害者・犠牲者家族たちと向き合うときに必要なのは、「知る権利」「報道の自由」「権力監視」「歴史の記録」などの言葉を尽くした説得術だろうか。

たとえば、朝日新聞記者で犯罪被害者問題に詳しい河原理子は「記者は石のハートでなければならないか」と題した論考で、新人記者のころ、子供を失った家庭を訪れて思わず涙をこぼした経験が原点であったと記している。[11]

「翌日、家を訪ねた。（中略）通された広間に、明るい色の小さな布団が敷かれ、メロンのように小さな顔をした男の子が眠っていた。こんなにちっちゃいのか、どうしてこんなに小さい子が……と見つめながら、事故当時の状況や保育園への無念の思いを聞いているうち、涙がこぼれてしまった」

河原は、地下鉄サリン事件の遺族である高橋シズヱらとともに「犯罪被害者の話を聴く勉強会」を主宰している。ひとりの生身の人間として、傷ついた人たちの権利擁護のため試行錯誤しながら報道を変えようとする地道な実践の積み重ねが、被害者や犠牲者家族への回路を再び開く道となるのではないか。

●——被害者が求める匿名化

警察をはじめ公的機関による匿名発表が顕著になったのは２００５年以降だ。事件や事故で犠牲になった人の氏名

■思考の道具箱■犯罪被害者支援

犯罪で損害を被った人は、加害者に賠償請求できる。だが現実は、加害者側に資力がないなど泣き寝入りを強いられることが少なくなかった。精神的・経済的な困難を緩和するため法制度として1981年に「犯罪被害者等給付金支給法」が施行された。2000年には犯罪被害者保護法が成立し、刑事裁判で被害者が意見を述べられるようになった。05年、犯罪被害者等基本法が施行された。

が匿名にされた代表的な例としては、以下が挙げられる。

２００５年、兵庫県尼崎市で起こったＪＲ福知山線脱線事故で、兵庫県警は４人を匿名で発表した。理由は「遺族の強い要望」だった。またこの事故では一部の病院が個人情報の保護を理由に死傷者の名前の公表を拒否した[12]。

２０１３年、アルジェリア南東部イナメナスの天然ガス施設が武装勢力に襲撃され、プラント大手・日揮の社員を含む40人が亡くなった事件（アルジェリア人質事件）では、当初、邦人名が公表されなかった。その理由を政府は「日揮が（被害者側の意向を考慮し）、公表しないでほしいということだった」と説明した[13]。

２０１６年、神奈川県相模原市の「津久井やまゆり園」で19人が殺害された事件（相模原障害者施設殺傷事件）でも、神奈川県警は当初、死亡者も負傷者も実名を公表しなかった。「被害者家族が強く匿名を希望している」「知的障害者施設での事件で、プライバシー保護の必要性が極めて高い」などが理由だった。

これらは、実名か匿名かの判断は事件事故の当事者側がおこなうべきだとする、いわば当事者主義的な論理が強く打ち出されている。じっさいに当事者がそう言ったかどうか確証はないが、政府や警察が弱者の気持ちを代弁しているという構図である。だが、すべての当事者側が実名報道を拒むわけではない。

●――実名報道の意義

2005年、広島市で小学1年生の木下あいりちゃん（当時7歳）が殺害された事件（広島小1女児殺害事件）は、性的暴行が疑われたため当初は匿名で報道された。だが1審判決の前になって、あいりちゃんの父親が「あいりは世界に一人しかいない。実名で出して」と希望したため、急きょ実名報道に切り替わった[14]。

2014年、いじめを訴えるメモを残して自殺した青森県の高校2年生大森七海さん（当時17歳）の母親は、娘の氏名と写真の公表に踏み切った。母親は「いじめによる自殺がなくなってほしい。ごく普通の子が、ある日突然亡くなるということがあり得る。それを考えるきっかけにして」と話したという[15]。

2016年には、青森県黒石市で開催された写真コンテストで、受賞が内定していた作品の被写体が自殺した女子中学生であったため内定を取り消された。少女の父親が、写真を公表し氏名を「葛西りま」と明らかにした。実行委員担当者は「写真鑑賞とは違う目的で話題となり、他の出展者に迷惑がかかる」と判断したというが、父親は「いじめられている子の力になれば」と公表に踏み切った[16]。

実名報道するか、匿名報道するか。マスメディアはみずから判断したいと訴えるが、当事者主義的な考え方が社会に浸透していけば、マスメディアはよりいっそう当事者とのコミュニケーションが必要となる。

ネットがニュース速報の〝主戦場〟となった今、実名か匿名かを時間をかけて議論している余裕はない。ならば、なおのこと、警察や行政に主導権を握られる前に、報道の実名／匿名問題を読者・視聴者、研究者やＮＰＯなどと一緒に考える場を常設しておくべきであろう。

[注]

[1] 浅野健一『犯罪報道の犯罪』学陽書房、１９８４年

[2] マスコミ倫理懇談会全国協議会編『マスコミの社会的責任』日本新聞協会、１９６６年、２１０-２１３頁

[3] 清水英夫『表現の自由と第三者機関』小学館、２００９年13頁

[4] 朝日新聞「法相、人権侵害と取材の具体的基準示さず　報道に自主規制要求」２００２年4月24日朝刊

[5] 伊藤正志「各地で相次ぐ匿名発表、情報隠し：全国の取材網を通じた実態調査から考える」『新聞研究』２００８年8月号14-17頁

[6] 警視庁「犯罪被害者等基本計画：犯罪被害者等施策ホームページ」(https://www.npa.go.jp/hanzaihigai/kuwashiku/keikaku/keikaku.html ２０１７年2月18日取得)

[7] 大石泰彦「プライバシーと取材・報道の自由：匿名発表問題をどう見るか（上・下）」『朝日総研リポート』２００６年2月号2-9頁、3月号14-21頁

[8] 「徹底追及第2弾！　異常匿名社会の「正体」／卒業アルバムも作れなくなる!?　教育現場を蝕む「個人情報過敏症」」『週刊朝日』２００５年3月3日号29-31頁

[9] 日本新聞協会編集委員会『実名と報道：事実を伝えるために』日本新聞協会、２０１６年、15-14頁

[10] 朝日新聞「犠牲者の氏名伝える意義は／朝日新聞「報道と人権委員会」」２０１３年3月4日朝刊

[11] 高橋シズヱ・河原理子『〈犯罪被害者〉が報道を変える』岩波書店、２００５年、１５３-１７９頁

[12] 毎日新聞「マスコミ倫理懇：全国大会／朝日・虚偽報道／戦後60年報道／広がる「匿名社会」」２００５年10月4日朝刊

[13] 朝日新聞「犠牲者名公表、あるべき形は／バングラテロ、報道が政府に先行」２０１６年7月9日朝刊

[14] 毎日新聞「新聞週間：『開かれた新聞』委員会座談会（その2）／機械的処理脱却を」２００６年10月16日朝刊

[15] 毎日新聞「青森・14年高2死亡：「いじめ自殺、考えて」／母親が氏名公表」２０１６年11月7日朝刊

[16] 毎日新聞「青森・中2自殺：写真コン、いじめ生徒被写体／最高賞内定取り消し／「被害者の力に」父が公表」２０１６年10月19日朝刊

[参考文献]

朝日新聞事件報道小委員会『事件の取材と報道　２０１２』朝日新聞出版、２０１２年

梓澤和幸「市民社会の危機に本格的な取り組みを：急がれる現場取材の理論化と記者訓練」『新聞研究』２００６年2月号

岡部耕典「パンドラの箱の暗闇を問い続けよ：事件の意味と新聞報道への期待」『新聞研究』２０１６年10月号

川名壮志『謝るなら、いつでもおいで』集英社、２０１４年

河原理子『犯罪被害者：いま人権を考える』平凡社、１９９９年

佐々木健「よりよい事件・事故報道めざし制度改革や社会の変化に

対応」『Journalism』２０１２年６月号
人権と報道関西の会編『マスコミがやってきた！　取材・報道被害から子ども・地域を守る』現代人文社、２００１年
少年犯罪被害当事者の会公式ホームページ（https://hanzaihigaisha.jimdo.com/　２０１７年２月19日取得）
全国犯罪被害者の会（あすの会）公式ホームページ（http://www.navs.jp/　２０１７年２月19日取得）
日本弁護士連合会編『人権と報道』日本評論社、１９７６年
野澤和弘「匿名発表がもたらすもの：事件を社会が熟慮するために何が必要か」『新聞研究』２０１６年10月号
「犯罪被害者等施策」警視庁公式ホームページ（https://www.npa.go.jp/hanzaihigai/index.html ２０１７年２月19日取得）
福永英男「警察広報所懐：『支店長はなぜ死んだか』をベースに（上・下）」『警察学論集』１９８１年５・６月号

■思考の道具箱■熟議

政局は「民意の風」に左右される。報道各社が毎月のように発表する内閣支持率などの世論調査結果は、「民意」の瞬間的な風向きと風力を示すデータと考えられてきた。

だが、安保や原発、憲法改正のような国論を二分する複雑な問題は、瞬間々々の「風」を計測するだけでは足りず、徹底した討論を経なければ意味のある答えを出せない。

そこで注目されているのがアメリカの研究者が開発した熟議型世論調査だ。日本では2009年に道州制の是非をめぐり神奈川県が、2012年には原発について民主党が実施した。

熟議型の世論調査は、被験者たちが時間をかけて専門家の意見を聞き討議をつくした結果、理性的な意見を導き出すことから、熟議民主主義を実現するツールになると考えられている。

CASE：007
加害者家族を「世間」から守れるか

1　思考実験

　腕時計は午前二時を指していた。容疑者の家が見下ろせるビルの外付け階段に身を潜めて四時間あまり。今夜も無駄骨か……。ため息ついて引き揚げようとしたとき、黒っぽい人影が近づいてきた。

　容疑者の家族だ。わたしはその姿を高感度のカメラで撮影し、階段を駆け降り、家のほうに歩を進めた。

「ごめんください、夜分すいません」インターホンを鳴らしたが返事はない。ドアは内側から施錠されている。

　良妻賢母と評判の主婦は殺人犯なのか？　事件はナゾだらけだ。全容を知るには、多くの関係者を訪ね、ジグソーパズルのピースを埋めていく必要がある。大手メディアは主婦の実家、高校の同級生や教員から人物像に迫っていた。だが、家族を直撃したメディアはまだない。

　容疑者宅周辺は逮捕直後から取材陣だらけで、家族は近づけなかった。彼女はどんな母だったのか。どんな妻だったのか。職業記者であろうと一般人であろうと、知る権利はある。わたしはじぶんにそう言い聞かせドアをノックし続けた。

　ややあってドアが細く開き、男性の声が聞こえた。「帰ってください」

「ご迷惑はかけません」わたしは声を潜め、フリーのジャーナリストだと告げた。

ドアの隙間から顔をのぞかせたのは容疑者の夫だった。

「なんだか悪い夢を見ているようで……」妻が逮捕されたその日、彼は警察から電話を受け、職場を早退し、二人の娘は妹夫婦に預かってもらった。まもなく家宅捜索がおこなわれた。同僚のアパートに数泊させてもらったあと、会社を退職した。いまはネットカフェを泊まり歩いているという。

きょう夕方、ニュースで自宅の壁一面が「死刑」「地獄に堕ちろ」などの落書きで埋め尽くされているのを見て、慄然(りつぜん)とした。過去に容疑者の自宅が放火された事件を思い出し、せめて貴重品だけでもと人目を忍んで今夜やってきた、と男性は話した。

「ご遺族には申し訳ないのですが……」男性は声を震わせた。「でも、二人の娘に罪はありません。ぼくも娘たちも、マスコミから、世間の目から、死ぬまで追われるんでしょうか」

わたしは絶句した。「待ってください。あなたの奥さんは、まだ、無罪の推定を受けています」その言葉はなんの慰めにもなっていない。

そのとき、背後でカメラのフラッシュが光った。「おまえら家族全員、死んでお詫びしろ!」そう叫ぶと、その一団は走り去った。加害者の家族に向けられる仕打ちにぞっとした。

「お願いです。いまはそっとしてください」男性はドアの向こうで膝を折った。

わたしは記者として、なにをすべきなのか。なにをしてはならないのか。

[A] 取材を断念する立場

取材を中断して記事の執筆をあきらめよう。興味本位の大衆の欲求に応えるのはジャーナリズムの役割ではない。のぞき見的な取材やセンセーショナルな報道は、バッシングに傾斜しがちな世間の風潮をあおるだけだ。

[B] 詳しく報道する立場

詳細に書こう。ジャーナリストが書くのをやめても、ネットが普及したいま、バッシングはやまないはずだ。加害者の家族をはじめとする関係者がどれほど苦しんでいるかも含めて冷静に報道して警鐘を鳴らそう。

2 異論対論 ［B］詳しく報道する立場

すべてを書くのだ。加害者家族が直面している問題だけでなく、世間の人々による嫌がらせも、インターネットで頻発するプライバシーの侵害も、すべて包み隠さず、事件の全容を報じよう。「寝た子を起こすな」という人もいるだろうが、事件をじぶんたちの問題として考える機会を提供するのが報道の使命だ。事実を隠蔽したり、見て見ぬふりをしたりしてはいけない。

反論

取材は、警察・検察、弁護士、目撃者、被害者やその関係者だけでは足りない。加害者の家族は不可欠だ。あえて無視するのは不自然だし非現実的だ。むろん加害者の家族が自殺するような事態は防ぎたい。ならば、なおさら彼らの苦境も丁寧に報じるべきだ。報道にはいろんな立場があっていいが、安易に自粛するジャーナリストに「報道の自由」を担う資格はない。

再反論

報道によって社会をよくしようというのは独善的で危険ではないか。取材対象が「そっとしてほしい」と言うのなら、その言葉を伝えるべきだ。市井の人々にこそ、異議申し立てや発言の機会を確保しなければならない。人権を踏みにじられている人がいるなら、その存在を無視してはいけない。メディアがタブーを増やせば増やすほど、人が物事を判断する材料も失われる。

表示価格には消費税は含まれておりません。

10月の重版

「未解」のアフリカ
欺瞞のヨーロッパ史観
石川 薫・小浜裕久 著

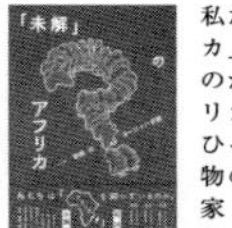

私たちは「アフリカ」を知っているのか。従来のアフリカ観を根底からひっくり返す、本物のアフリカ（国家、宗教、言語等々）を語る書。

四六判上製 392 頁　本体 3200 円
ISBN978-4-326-24847-6　1 版 3 刷

ポリティカル・サイエンス・クラシックス３
国際政治の理論
ケネス・ウォルツ 著
河野 勝・岡垣知子 訳

非難と称賛を浴びつづけた必読の名著をついに完訳！ 国際政治学の「常識」を一変させたネオリアリズムは、ここから始まった。

A5 判上製 352 頁　本体 3800 円
ISBN978-4-326-30160-7　1 版 3 刷

日本人は右傾化したのか
データ分析で実像を読み解く
田辺俊介 編著

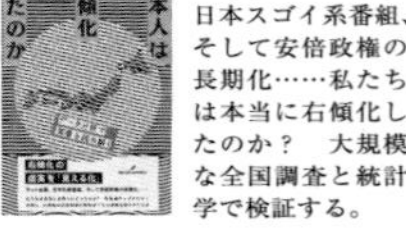

ヘイトスピーチ、日本スゴイ系番組、そして安倍政権の長期化……私たちは本当に右傾化したのか？　大規模な全国調査と統計学で検証する。

四六判上製 344 頁　本体 3000 円
ISBN978-4-326-35179-4　1 版 2 刷

パフォーマンスの音楽人類学
諏訪淳一郎

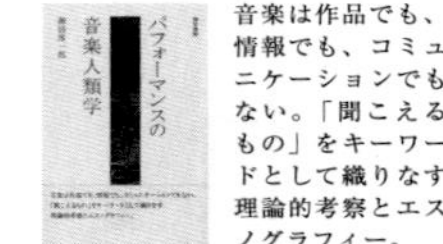

音楽は作品でも、情報でも、コミュニケーションでもない。「聞こえるもの」をキーワードとして織りなす理論的考察とエスノグラフィー。

四六判上製 256 頁　本体 3000 円
ISBN978-4-326-65375-1　1 版 2 刷

加藤陽子 かとうようこ

1960年埼玉県生まれ。東京大学教授。専攻は日本近現代史。主著『戦争の日本近現代史』（講談社現代新書）、『満州事変から日中戦争へ』（岩波新書）、『それでも、日本人は「戦争」を選んた』（新潮文庫、小林秀雄賞受賞）、『戦争まで』（朝日出版社、紀伊國屋じんぶん大賞受賞）。

2019年10月刊行

天皇と軍隊の近代史

戦争の本質を摑まえるには何が必要なのか？　天皇制下の軍隊の在り方の特徴とその変容を、明快な論理と筆致で描き出す。

本体2200円
ISBN978-4-326-24850-6

2005年6月刊行　ロングセラー9刷

戦争の論理　日露戦争から太平洋戦争まで

近代日本において戦争の論理、軍の論理とはいかなるものであったか。為政者や国民は、どのようにして戦争すると決意したのかを解明。

本体2200円
ISBN978-4-326-24835-3

2007年6月刊行　ロングセラー4刷

戦争を読む

近代日本の戦争史を専門とする著者による、初めての書評集。書評を通して時代とその変遷を鮮やかに読み解き、戦争の本質に鋭く迫る。

本体2200円
ISBN978-4-326-24838-4

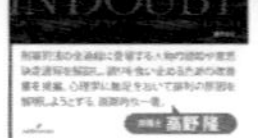

無実であった。誤った証言を生み出すメカニズムに迫る。

A5 判並製 392 頁　本体 4200 円

ISBN978-4-326-25137-7

探ってみると、中央地方関係の意外な姿が見えてくる！

A5 判上製 260 頁　本体 4000 円

ISBN978-4-326-30282-6

納税者のための租税の納付・徴収手続

中村芳昭 監修
東京地方税理士会 編

租税徴収制度についての、税理士による、税理士のための、税理士の視点からまとめられた納税者に寄り添った本格的理論書。

A5 判並製 304 頁　本体 3500 円

ISBN978-4-326-40367-7

勁草法律実務シリーズ

少数株主権等の理論と実務

上田純子・植松 勉・
松嶋隆弘 編著

少数株主に代表されるマイノリティ株主が、会社法に基づき権利行使をする場合における、理論上・実務上検討すべき点を解説する。

A5 判並製 464 頁　本体 4800 円

ISBN978-4-326-40368-4

家事法の理論・実務・判例　3

道垣内弘人・松原正明 編

研究者、裁判官、弁護士が家事法の当面する問題を分析、実務と法理論との架橋を確かなものとし将来の法制度を展望する、年報第3号。

A5 判並製 240 頁　本体 4000 円

ISBN978-4-326-44966-8

里親制度の史的展開と課題

社会的養護における位置づけと養育実態

貴田美鈴

里親制度の今後を展望するにあたり押さえておくべき史的経緯と、里親当事者へのインタビュー調査を通じ、制度の課題を示す。

A5 判上製 392 頁　本体 6500 円

ISBN978-4-326-60322-0

2 異論対論 [A] 取材を断念する立場

加害者の家族にはすさまじい社会的制裁が加えられている。中傷する手紙や電話にはじまり、インターネットで実名や写真をさらす人もいる。少なからぬ加害者家族が、夜逃げ、失業、離別、離婚を経験してきたといわれる。ひどい場合には自殺さえもある。世間にはびこる安易な処罰感情を増幅させてはいけない。公共性に乏しく、特定の人を苦しめるだけの情報は書くな。

反論

容疑者の段階で本人や家族のプライバシーが暴露され、匿名の電話や手紙による嫌がらせが相次ぐ。そうした社会悪は、一部のセンセーショナルな報道が咲かせた「あだ花」。自殺者が出るような「なんでもあり」の状態がこのまま放置されれば、やがて権力による規制も招くだろう。「報道の自由」を手放さないためにも、ジャーナリストはみずからを律する必要がある。

再反論

政治や経済などのニュースは、多様な視点から報じられるほうがいい。権力からの干渉には体を張ってでも闘うべきだ。だが権力をもたない市井の人々と向き合うとき、ジャーナリストはみずからの権力性に鈍感であってはならない。ニュースと刃物は使いよう。困っている人を救い、社会をよい方向に導くこともあれば、その逆もある。その使い方を誤ってはならない。

3　実際の事例と考察

「本件が大々的にマスコミに報道されるなどして、（刑事被告人は）既に相応の社会的制裁を受けている」[1]。刑事裁判の判決文にこんな言葉が記されることは珍しくない。つまり日本の裁判所は、マスメディアが犯罪加害者に対して社会的制裁を加えていることを前提に量刑を判断しているのだ。だが、私企業である新聞社・雑誌社・放送局が、法に先行して事実上の刑罰を科している現象をどう考えればよいのだろうか。

社会学者の村上直之によれば、イギリスの犯罪報道の歴史をさかのぼると公開刑に行き当たるという[2]。19世紀のイギリスに近代的な監獄が登場したことで、「見せ物」としても機能していた刑罰が人の目に触れなくなった。そんなミシェル・フーコーの議論[3]を参照しながら、村上は、公開刑に付与されていた社会統制機能が犯罪報道に代替されていったと説く。

近代ジャーナリズムは国家権力との「英雄的な闘争」として論じられがちだが、新聞産業は都市化や大衆化の社会変動のなかで、興味本位の事件報道によって成長したことも忘れてはなるまい。

●――イギリスの犯罪報道

じっさい、イギリスでは高級紙に分類される『タイムズ』『ガーディアン』も犯罪報道に熱心で、プライバシーに踏み込んで人物像に肉薄することにためらいがない。えげつない報道例は、２００６年から07年にかけてロイター・ジャーナリズム研究所に籍をおいた共同通信記者の澤康臣が詳しく紹介している[4]。

刑事司法と報道の関係は日本もほぼ同じだ。日本で犯罪報道が成立した過程は佛教大学講師の松永寛明の分析に詳しい[5]。明治政府は江戸期に長らく続いていた公開刑を政権発足から12年で全廃し、早い段階で新聞記者たちに裁判を傍聴させた。松永によれば、庶民向けの小新聞にも支配層に読まれた大新聞にも、犯罪者を非難する記述がよくみられたという。

●——犯罪報道は刑事司法の一部だった

犯罪報道の歴史を振り返れば、洋の東西を問わず実質的に刑事司法システムに組み込まれ、法による刑罰に先行して実質的に制裁を加える役割を担ってきたことは否定できない。少なくともスタート地点では、権力監視や知る権利が掲げられていたわけではない。

元新潟日報記者でジャーナリストの玉木明は「中立公平・客観報道＝無署名記事」という定式を用いて、無署名ルールが記事の内容を規定し、「断罪報道」を生み出したと論じる。[6]

むろん、事件記者たちは喜々として〝犯人〟を断罪しているわけではない。先述の澤は「多くの記者はこの仕事を志願した理由として、世の中の困っている人の力になりたい、社会をよくしたい——という情熱があるものだ」という。[7] そんな心やさしい記者たちが「報道被害」を作り出しているのが、こんにちの事件報道の矛盾だ。

> **■思考の道具箱■被疑者と容疑者**
> 犯罪の嫌疑をかけられ捜査の対象になり起訴される前の段階の人は刑訴法上「被疑者」と呼ばれる。刑事ドラマなどでも「被疑者○○を全国に指名手配した」などの台詞が用いられる。マスメディアも被疑者を呼び捨てにしてきたが、人権意識の高まりをうけてNHKが1984年から「容疑者」呼称を採用し、80年代後半にはほとんどのメディアが追随。逮捕後に「容疑者」の呼称を用いている。

●——いまも生きる「世間の掟」

この矛盾を解き明かすひとつのヒントとして、日本の場合は「世間」が関係していないだろうか。つまり、ニュース報道がもつ社会的制裁のメカニズムは、日本社会を覆う前近代的な「世間の掟」を映しているのではないかということだ。

たとえば、逮捕された人を長らく呼び捨てにしてきた報道各社も、80年代には容疑者呼称を使うようになった。判決が下るまで人は無罪の推定を受けるという、刑事司法の原則に沿う措置だ。しかし現実問題として「世間を騒がせた者」「世間の常識に背いた者」に対して厳しい制裁が加えられている。そんな「世間」の関係者を取材すればするほど、ジャーナリストは推定無罪の市民社会と、推定有罪の世間との板挟みに遭う。

●——「社会」より「世間」

歴史学者で世間研究の第一人者とされる阿部謹也の言葉を以下に引用する。[8]

「明治以降社会という言葉が通用するようになってから、私達は本来欧米でつくられたこの言葉を使ってわが国の現象を説明するようになり、そのためにその概念が本来もっていた意味とわが国の実状との間の乖離(かいり)が無視される傾向が出てきたのである。(中略)特に大学や新聞などのマスコミにおいて社会という言葉が一般的に用いられるようになり、わが国における社会の未成熟あるいは特異なあり方が覆い隠されるという事態になったのである。しかし、学者や新聞人を別にすれば、一般の人々はそれほど鈍感ではなかった。人々は社会という言葉をあまり使わず、日常会話の世界では相変わらず世間という言葉を使い続けたのである」

これは阿部が20年以上も前に記した分析だが、現在も有効な説明である。すなわち日本のジャーナリストは表面的には近代市民社会に向けてニュースを生産しているものの、取材相手のほとんどが世間の住人であり、記事や番組にはどうしても世間の感覚が反映されてしまう。

●――記者の自律性と内部的自由

報道が世間の処罰感情を増幅させた典型例として、法学者で世間研究者でもある佐藤直樹は1980年代の「隣人訴訟」を挙げる。この訴訟は、主婦が買い物に行くため子供を隣家の主婦に預けたところ、その子が溜池に落ちて死亡した事故をめぐる損害賠償請求訴訟である。この訴訟について、佐藤は以下のように述べる[9]。

「問題なのは、この損害賠償訴訟の判決の報道がなされたあとで、隣家を訴えた原告側に、訴えたことを非難する匿名の電話・手紙・葉書が殺到したことである。『親切でしてもらったことにたいして、隣家を訴えるなんてなんだ』というわけである。／たしかに、新聞をはじめとするマスコミの報道のしかたにも問題はあった。それは、『隣人の好意にもつらい裁き』とか、『隣人の好意にも責任』とか、『近所づきあいに〝冷水〟』といった原告を非難するような内容が多かったからである」

原告側が非難を浴びて訴訟を取り下げたことが報道されると、次は被告側にも非難の電話などが寄せられた。こうしたバッシングの電話や手紙のたぐいが、匿名でおこなわれる点に世間の特徴があると佐藤はみる。そこで思い出されるのは、先述した玉木の「中立公平・客観報道＝無署名記事」という定式である。すなわち、じぶんの名前を記さず、「警察によると……」と権威の名を借りて正当性を調達する「断罪報道」は、世間による社会的制裁と響き合っているように映る。

■思考の道具箱■世間

西欧では個人が集まって社会を運営していると理解されているが、日本では世間が所与のものとして存在する。近代以前の西欧にも世間があったが、１人ひとり個人としての尊厳があるという思想が勝り、影響力をもたなくなった。これに対し、日本ではいまだにだれもが世間を気にし、世間から排除されないよう言動に気をつけている。佐藤直樹によれば、世間を構成する原理として、「贈与・互酬の関係」や「身分の重要性」「個人の不在」「呪術的性格」などがあるという。

●——加害者家族へのバッシング

隣人訴訟は、ネットもスマホもなかった80年代の事件だが、近年は「匿名」のネットユーザーによる誹謗中傷や過激なバッシングが珍しくなくなった。加害者本人や家族の写真、勤務先や学校、自宅住所、電話番号、メールアドレスなどの個人情報がソーシャルメディアなどで暴露され、広範囲に伝わる。加害者側の家族が物理的にも精神的にも追い詰められ、命を絶つ例もある。だが、加害者家族は「犯罪被害者」として理解されにくい。

加害者家族へのバッシングを象徴する〝事件〟があった。2003年7月、小泉純一郎政権で構造改革特区・防災担当相（青少年育成推進本部担当）を担った鴻池祥肇が、閣議後の会見で少年犯罪をめぐり「(罪を犯した少年の）親は市中引き回しの上、打ち首にすればいい」と発言して物議をかもした。毎日新聞は次のように伝えた。[10]

「鴻池氏は会見で犯罪報道のあり方にも触れ『嘆き悲しんでいる家族、ひつぎを担ぎ出す若い両親、こればっかりを映して、犯罪者の親を映していない』と批判。その上で『日本中の子どもとか、親に自覚さすためには、犯罪を犯した子どもの親、全部引きずり出すべきだ。沖縄も、長崎も、数年前の神戸（の事件）でも親を出すべきだ。そうすると親も気をつける』との考えを示した」

鴻池は4日後に陳謝したが、彼の事務所には千通以上のメールが寄せられ、8割以上が「よく言ってくれた」と支持する内容だったという。[11] 朝日新聞の読者モニターへのアンケートでも鴻池発言に4割超が「共感する」と答えた。具体的には「親は子どもの日常を注意深く見守り、異変を察知する義務がある」「子どもはもともとは無垢（むく）。それを育てたのは親」「問題を起こす子の多くは、育児の放任、無視、放棄の家庭に生まれる」などの意見が寄せられた。鴻池発言は、言説の中身よりも、世間を騒がせた点に問題があったとみる人は少なくないのだろう。

●――NPOが加害者家族を支援

他方、加害者家族支援に取り組む仙台のNPO法人ワールドオープンハート（WOH）に2009年から14年までに寄せられた相談データによると、9割近くの相談者が「事件後（中略）自殺を考えた」という。その理由の44%が「事件報道によるショック」だった。WOHによれば、加害者家族が「自宅への投石やインターネットでの個人情報の暴露といった違法な行為に対しても、沈黙を余儀なくされてきた」のは、さらなる社会的制裁を受ける恐れがあるためだという[12]。

犯罪報道にまつわる問題は、容疑者の犯人視、被害者の匿名、警察への過剰依存など挙げていけばきりがないが、なかでも加害者家族への社会的制裁は忘れられがちだった。じぶんが報じたニュースが引き金となって加害者家族が命を絶てば、ジャーナリストのその後の人生にも影を落とす。悲劇の拡大や再生産を防ぐには、ジャーナリスト自身が「世間の掟」と「市民の法」の間にいることを自覚することから始めるしかない。

●――地獄の実際

NHKディレクター鈴木伸元が2010年に出版した『加害者家族』の帯に「加害者の家族も地獄を見ている」という言葉が記されていた[13]。その「地獄」とはどのようなものか。鈴木の著書を中心に、代表的な事例をいくつか振り返ってみたい。

1994年秋、東京・埼玉連続幼女誘拐殺人事件で逮捕起訴された宮崎勤の父親が多摩川の橋の上から身投げした。父親はローカル紙を発行する地域の名士だった。

宮崎家と親交があった東京新聞記者の坂本丁次は、逮捕直後に宮崎宅に駆けつけ父親を取材した。報道各社が連日センセーショナルな報道合戦を繰り広げるなか、坂本は再び父親を取材する機会を得た。「父親を新聞でさらし者にするとの意図からではなかった。犯罪史上、例のない特異な事件を解明する上で、父親の証言を得て、心の中が知りたかった」と坂本は述べている[14]。

●——家族を追い込む匿名の「世間」

1989年秋に坂本が『文藝春秋』に寄稿した記事によると、事件後、宮崎家の長女も次女も勤めを辞め、長女は結婚を予定していた相手に婚約の破棄を申し入れた。父親の次弟は会社の役員を辞任。このとき二人の娘を妻の姓にするため離婚の準備を進めており、母親の兄の子供たちも退職。家には「おまえも死ね」「娘も同じように殺してやる」などと書かれた匿名のはがきや手紙が大量に届いたという。

2000年春、名古屋市で中学3年生の男子生徒が15歳の少年たちから5000万円もの大金を恐喝された（名古屋中学生5000万円恐喝事件）。鈴木の『加害者家族』によると[15]、加害少年の父親の勤務先の親会社に「主犯格の親が勤務していることをどう考えるのか」などの匿名メールが届いた。それを知った父親は「部下を監督したり指導したりできる立場ではない」と辞職した。

自宅近くには見慣れない車が常に停まり、嫌がらせの電話やインターホンを鳴らすいたずらも相次いだ。ネットには「姉を拉致してレイプしてしまえ」などの書き込みがあり、じっさい姉は見知らぬ男から追いかけられたこともあり、一時は自殺も考えていた。

●――自宅への落書きと放火

１９９８年夏、和歌山市で毒物カレー事件が発生し、10月に元保険外交員の林真須美が逮捕された。事件直後から林の自宅周辺には取材陣が殺到した。「疑惑」の夫婦の動向が連日報道されたこともあり、やじ馬たちも押しかけた。

翌11月ごろから、林宅の塀や壁への落書きが目立つようになった。多くは若者たちによる深夜の犯行だった。事件から約1年半後、林の自宅は放火され全焼した。ちなみに、林は２００９年に死刑判決を受けたが、冤罪の可能性を指摘する声もある。

２００８年6月、歩行者天国でにぎわう秋葉原で7人が殺され10人が重軽傷を負った。この無差別連続殺傷事件（秋葉原通り魔事件）の犯人加藤智大の実弟が、２０１４年2月に自殺していたことを『週刊現代』が報じた[16]。31歳だった。記事によると、弟は事件当日、ほとんど着の身着のままアパートを抜け出し、職場に迷惑が及ばないよう退職届を郵送した。ネットにはいつまでも個人情報がさらされ、世間の目とメディアから逃げ続けた。弟の手記には次のような言葉がつづられている。

「被害者家族の味わう苦しみに比べれば、加害者家族のそれは、遙かに軽く、取るに足りないものでしょう。／『加害者の家族のくせに悲劇ぶるな』／『加害者の家族には苦しむ資格すらない』／これは一般市民の総意であり、僕も同意します。／ただそのうえで言っておきたいことが一つだけあります。／そもそも『苦しみ』とは比較できるものなのでしょうか。／被害者家族と加害者家族の苦しさはまったく違う種類のものであり、どちらのほうが苦しい、と比べることはできないと思うのです。／だからこそ、僕は発言します。加害者家族側の心情をもっと発信するべきだと思うからです」

●――報道界の中にも「世間」

２００６年に秋田県藤里町で発生した児童連続殺害事件で無期懲役の判決を受けた畠山鈴香の弟は、２００８年に『週刊文春』の取材に応じ、両親が離婚するなど家族がバラバラになったことを明かした。[17] 弟は運転代行会社に勤めていたが、たびたび客から「畠山鈴香の弟か」などと尋ねられたり携帯のカメラで撮られたりするのに嫌気がさして退職した。短い記事は弟の科白で閉じられていた。

「被害者の家族会はあるけど、加害者のはなぜないのかな。みんなどうやって生きているんだろう」

現場の取材記者たち、派手な見出しをつける編集者、センセーショナルな番組を企画するディレクターやプロデューサー。こうした問題に、だれも気づいていないはずはない。わかっちゃいるけどやめられないのは、マスメディア業界という名の「世間の掟」に縛られているからではないか。

［注］

［1］朝日新聞「ゼネコン汚職事件・茨城県知事ルート　東京地裁判決理由の要旨」２０００年9月12日夕刊ほか

［2］村上直之『近代ジャーナリズムの誕生：イギリス犯罪報道の社会史から［改訂版］』現代人文社、２０１１年

［3］ミシェル・フーコー『監獄の誕生：監視と処罰』田村俶訳、新潮社、１９７７年

［4］澤康臣『英国式事件報道：なぜ実名にこだわるのか』文藝春秋、２０１０年

［5］松永寛明『刑罰と観衆：近代日本の刑事司法と犯罪報道』昭和堂、２００８年

［6］玉木明『ゴシップと醜聞：三面記事の研究』洋泉社、２００1年

［7］澤前掲書１０３頁

［8］阿部謹也『「世間」とは何か』講談社、１９９５年28-29頁

［9］佐藤直樹『世間の目―なぜ渡る世間は「鬼ばかり」なのか』光文社、２００４年、99頁

［10］毎日新聞「「親は市中引き回しの上、打ち首に」　少年犯罪めぐり鴻池祥肇氏が暴言」２００３年7月11日夕刊1面

［11］毎日新聞「鴻池祥肇氏「打ち首」発言「親の責任」どこま

で」２００３年７月12日朝刊

[12] 阿部恭子編著『加害者家族支援の理論と実践：家族の回復と加害者の更生に向けて』現代人文社、２０１５年、11-24頁

[13] 鈴木伸元『加害者家族』幻冬舎、２０１０年

[14] 坂本丁次「針のムシロに坐る父親（単独会見記）（幼女誘拐連続殺人事件〈特集〉）」『文藝春秋』１９８９年10月号２８６-２９２頁

[15] 鈴木前掲書76-80頁

[16] 齋藤剛「独占スクープ！　秋葉原連続通り魔事件　そして犯人加藤智大被告の弟は自殺した：兄は人殺し、その家族として生きていくことは苦痛そのものだった……」『週刊現代』２０１４年４月26日号、56-61頁

[17]「畠山鈴香弟の絶望『加害者の家族会はなぜないのかな』（総力ワイド　あの主役たちはいま――37人を徹底追跡）」『週刊文春』２００８年８月14日号、２０４-２０５頁

[参考文献]

岡田力「自殺報道の新指針　連鎖自殺を生まないために」『Journalism』２０１２年６月号

『誰も守ってくれない』２００９年公開の日本映画。君塚良一監督

佐藤直樹『暴走する「世間」で生きのびるためのお作法』講談社、２００９年

佐藤直樹「厳罰化と「世間」：日本おける後期近代への突入をめぐって」『法政理論』２０１３年45巻４号

「少年A」の父母『「少年A」この子を生んで……：父と母悔恨の手記』文藝春秋、２００１年

深谷裕「犯罪加害者家族に対する捉え直しの試み」『社会福祉学』２０１４年55巻１号

村上直之「犯罪報道と近代ジャーナリズムの歴史」『新聞研究』１９８６年10月号

安田好弘『死刑弁護人：生きるという権利』講談社、２００８年

CASE：008
企業倒産をどのタイミングで書く

1　思考実験

小会議室のドアを開けると、経済部の二人のデスクと金融取材班のキャップが顔をそろえていた。どの顔にも疲労の色がにじんでいるが、これから特ダネを放とうとする興奮も伝わってくる。

彼らが潜行取材していたことは、編集局でも一部の幹部しか知らない。編集局長のわたしに続いて入室した経済部長が、ドアを慎重にロックすると低い声で言った。

「あす土曜の朝刊で打とうと思っています」

「打つ」とは、報じるという意味である。彼らはある信用組合の経営破綻をスクープしようとしていたのだ。

その信組が危ういという噂はあった。ただ、流言飛語で「取り付け騒ぎ」が起こった例もあり、不安を煽るような情報は流せない。

決算関連の書類を眺めているだけでは金融機関の真の姿は見えてこない。だが内情を知るのは容易ではない。じっさい今回、金融キャップが取ってきた未確認情報の裏を取る作業も、予想以上の困難をきわめた。

キャップが切り出した。「監督官庁のしかるべき責任者が、ついに認めました。自主再建はありません。うちが書けば信組も腹をくくるでしょう。週明けの月曜日には絶対に業務停止命令が出ます」

デスクのひとりが原稿の束を差し出した。ところどころ朱が入っていて、入念にチェックされているのがわかる。「今夜、信組の理事長からコメントを取ります。それですべての原稿がそろいます」

「今夜の朝刊会議で、編集局長から説明してください」経済部長がたたみかける。

部下たちのはやる気持ちはよくわかる。だが、正直なところ迷いもある。

書くタイミングが問題だ。信用調査会社の発表や監督官庁の決定が出るまでに、わが社の責任で書いていいのだろうか。今回、当局が経営破綻を認めていない段階で書けば「特ダネ」になるかもしれない。しかし、金融機関の破綻は影響が大きく、われわれが負うリスクも大きい。

安全で賢いやり方は、当の企業信組か金融当局がなんらかのアクションを起こしたとき、その事実を客観的に報道することだ。速報し、即座に読み応えのある特集記事を放つ。破綻という表面的な現象を報じるのではなく、破綻の背景にある要因を分析して厚みのある報道をするのが、経済記者の腕の見せどころではないか。

「君らの気持ちはわかる。だが、たとえば経営者が認めたとか、監督官庁が行政命令を出したりしたときに書くというのじゃぁ、ダメなのか」

「いえ、土曜の朝刊に打てば、月曜朝までマーケットは開かないし、混乱を避けられます」デスクのひとりがわたしの心配を先取りして言った。

別のデスクが身を乗り出す。「預金者に正確な情報提供するという大義もあります。一面トップで派手にやらなくてもいいので、打たせてください」

[A] 動きがあるまで待つ立場

やはり動きがあるまで待つという従来の方針を踏襲しよう。先んじて報じれば特ダネだが、それでは客観報道というより、マッチポンプと批判されかねない。記者たちの頑張りはわかるが、この種の報道では冷静さが必要だ。

[B] 自己責任で書く立場

信組の経営破綻が確実になったことを突き止めたのだから、わが社の責任で書くべきだ。金融は経済の動脈であり、パブリックな関心事だ。そんな重要な事実をつかんだのに報道しないのは、読者に対する裏切りになる。

2 異論対論 ［B］ 自己責任で書く立場

じぶんたちは「危機」の存在を知っているのに伝えないで隠し続けるとすれば、それは市場と市民社会に対する背信だ。預金者がパニックを起こすだとか、恐慌を招くだとかは、金融当局がわれわれを脅す材料。報道機関が統治者の意向を忖度して報道を自粛すれば、国民の知る権利を損なう。ジャーナリストは市民に事実を報告する責務を負っている。覚悟を決めて書こう。

反論

その金融機関が破綻していることを知っているのは、当の経営者と監督官庁だけだ。報道機関が市民社会から期待されているのは、権力が隠そうとしている情報を白日の下にさらすこと。自主再建が困難になったことを金融当局が認めた時点まで待って報じても問題はないが、今回は混乱が起こらないようタイミングも配慮している。ためらう理由はどこにもない。

再反論

報道のあり方は、時代の変化とともに変わっていく。破綻を報道するタイミングに唯一無二の「正解」などない。これまで、企業自身の行動や、監督官庁の判断や措置を「客観的」に伝えてきたが、そのような報道手法が金融行政を曇らせ、ときに腐敗を促進してきたといえないだろうか。今回は破綻報道のあり方を変える好機かもしれない。自信をもって記事にしよう。

2 異論対論 ［A］動きがあるまで待つ立場

気象予報士が「降りそうだ」と言っても雨が降らないこともある。だが、経済記者に「倒産しそうだ」と書かれた金融機関は、その記事がだめ押しとなって倒産するはずだ。過去に「倒産寸前」と書かれて本当につぶれた会社もあるし、噂話だけで「取り付け騒ぎ」が起こった金融機関もあった。報道には慎重さが求められる。しばらく見守ってみよう。

反論

破綻報道は、脳死判定をするようなものだ。新聞が書かなくても、瀕死の企業はいずれ死ぬ。そんな企業を「死に体」と速報することが、ほんとうにスクープと言えるのだろうか。特ダネ競争より大切なのは、当局のやり方に問題がなかったかをチェックすることだろう。市場がどんな病に冒されていたのかを検証することが報道の使命であり、経営破綻の速報合戦は健全ではない。

再反論

一部のスキャンダル誌は別として、大手紙では「あの企業が倒産寸前だ」と書くことを自戒してきた。企業自身が破産や会社更生などの申請するのを確認して書くのが常道だという判断からだ。今回は十分に取材をして、当局の方向性もわかった。よそと同じタイミングで報道したとしても、記述の厚みと深さで他社を圧倒するだろう。速報ではなく解説や論説に力点を移そう。

「民間の信用調査会社の調べによると……」

企業倒産のニュースで、たびたび言及される信用調査会社は、東京商工リサーチか帝国データバンクかのどちらかだ。この2社は企業の営業状況や財務内容を調査し、調査によって得られた倒産情報がマスメディアを通じて報道される。

半年以内のうちに民間企業が不渡り手形を2回目出せば、銀行取引が停止される。そうした長年の商慣行を手がかりとする情報が、信用調査会社から提供され、報道各社はその時点で「(事実上の)倒産」と表記してきた。

3　実際の事例と考察

●――倒産と破綻の違い

金融不安が広がった90年代半ば以降、報道各社は「倒産」のかわりに「破綻/破たん」を用いるようになった。「倒産」という言葉が、廃業や解散のように「会社がつぶれる」という印象を与えかねないため表現をやわらげた。

たとえ経営に行き詰まったとしても、会社更生法や民事再生法の手続きを経て、再建・再生に成功した企業は少なくない。「倒産」と報じられても銀行を通さずに決済して営業を続けることは可能[1]。危険な賭けや法律すれすれの綱渡りをして倒産の危機を切り抜けた「武勇伝」を自慢げに語る経営者もいる。

過去形で語られる波瀾万丈の物語ならば安心して聞いていられる。しかし、現在進行形の経営危機を知ったとき、その「危機」を右から左へ速報することは、はたして正しいことなのだろうか。

企業の経営状態は、取引銀行も信用調査会社も、ある程度は把握しているし、経済記者たちにも噂として伝わってくる。だが、真の内情は、極論すれば経営者にしかわからない。報道機関がじぶんの責任で、よその会社について「経営危機」「再建困難」と断定して報じるには確固とした根拠と大義が必要だ。

● ——信組の破綻を毎日がスクープ

この問題を考えるうえで有益と思われるのは、1995年のコスモ信用組合（東京）の破綻をめぐる毎日新聞社と朝日新聞社の紙上論争である。

コスモ信組の破綻をスクープしたのは『毎日』だった。スクープの5日後、朝日新聞社は、メディア欄で、『毎日』の報道を検証した。具体的には、コスモ側が会見で述べた『毎日』への抗議を載せ、毎日新聞社の大沼孝司経済部長と、朝日新聞社の桐村英一郎経済部長のコメントを掲載した。すこし長いが、『毎日』と『朝日』の言い分を見てみよう。[2]

「毎日新聞東京本社・大沼孝司経済部長　コスモ信組問題でもまず預金者保護と長期的信用維持を最優先に考え、混乱を最小限にとどめることを念頭に置き新聞社として最も適切な報道をしました。／当局がコスモ信組を「自主再建は困難」と判断したことをはっきりと確認した時も、すぐには記事にせず、土曜、日曜の二日間の余裕がある七月二十九日付朝刊で初めて報道しました。

■思考の道具箱■特ダネ

スクープ（Scoop）や独占ニュース（Exclusive News）と同じ。日本の報道界では、ライバル社が知らないニュースを伝えることを「抜く」という。特別に伝えられた情報が「特ダネ」と呼ばれ、他のニュースよりも大きく派手に扱われる。特ダネには、いずれ明らかになる情報を先駆けて伝えるもの、だれにも気づかれずにいた情報を発掘して伝えるものがあり、後者のほうに大きな価値が認められる。また影響力が大きい特ダネを発信することで、報道機関は観察者（Observer）から行為者（Actor）になってしまう。

特に善良な預金者に不利になるようなことのないよう、当局が万全の救済策を準備していることを確認したうえで記事掲載に踏み切っています。(中略)当局が自主再建断念という厳しい判断を下したのは当然です。この当局の判断をつかんだ以上、混乱を最小限に抑える配慮をしたうえで記事にするのは報道機関として当たり前の行動です」

●――朝日と毎日の紙上論争

このコメントに続いて経済評論家の談話が載り、続いて『朝日』の弁明が次のとおり記された。

「朝日新聞東京本社・桐村英一郎経済部長　コスモ信組の行き詰まりは早くからつかんでおり、マークしていた。しかし、金融機関全体が不良債権問題という〝地雷原〟の上にあるような現状で、特定金融機関の危機を報道するのは、普段に増して、慎重にならざるを得ない。今回の場合は、救済策がはっきり固まったとか、『けさ業務停止命令』などと書けるのなら別だが、あの時点では、踏み切れなかった。(中略)今回は朝日新聞の報道姿勢でよかったと思うが、資金繰りのために世間相場から外れた高金利の預金を集める危うさを、どのように書けるかなど、悩ましさもある」

これを読むかぎり、朝日新聞社は毎日新聞社に対しかなり批判的である。この記事を受けるかたちで『毎日』の菊池哲郎は「記者の目」欄で、『朝日』の姿勢を批判した[3]。

「朝日の主張を分析すると『おれは全部知っている。だがわけもわからん人に知らせると大騒ぎになる。だから知らせないことが立派なのだ。心配はおれがしてやるから、みんなは安心して暮らしていろ』というイメージになる。(中略)コスモ問題で金融パニックを起こすほど読者を愚かと想定するのは朝日のおごりではないか。(中略)コスモは当局が経営破たんを確認した。預金者にはそれを知る権利がある。新聞に載ったからつぶれたというのは本末転倒だ。信用不安に対して新聞が当局とうりふたつの見解を持つ必要はない」

『毎日』の「記者の目」は記者個人の見解や問題提起を書くコーナーで、筆致はかなり辛辣であった。すると『朝日』はその翌日、夕刊のコラム「窓」欄で、「倒産の引き金」と題する記事を掲載し、「経済報道にはひとつの原則があると思う。読者に事実を知らせるのが新聞の第一の使命であるのは当然だが、倒産の引き金を引く権利はない」と反論した。[4]

だがそんな朝日も1975年には、『興人』経営、重大危機に」と報じて、化繊業界の大手企業に引導を渡している。興人の負債額は当時、戦後最大で大ニュースだった。[5]

●――破綻報道は永遠の課題

ただ、2000年に入ると『朝日』は連載記事のなかで、コスモ問題に関する慶應義塾大学教授の草野厚のコメントを紹介した。[6] 草野は「政策当局はいつも、報道を引き金とした金融パニックの危険性を強調して、金融機関の経営危機について報じることの自粛を求める。しかしメディアの基本は、知る権利を満たすことだ。原則として報道は自粛すべきでない」と述べ、『毎日』を擁護している。

読売新聞社調査研究本部の森本光彦は、ジャーナリズムの入門書に寄せた一文のなかでコスモ問題に触れ、「金融当局などによって破綻後の処理計画がまとまる、ぎりぎりの時点まで待つのが望ましい」という立場を明らかにしつつも、「破綻報道は経済報道の永遠の課題といえる」と述べる。[7]

ところで、新聞業界で指針とされる「新聞倫理綱領」には次のような戒めが記されている。[8]

「新聞は報道・論評の完全な自由を有する。それだけに行使にあたっては重い責任を自覚し、公共の利益を害することのないよう、十分に配慮しなければならない」

この考え方をコスモ問題に当てはめれば、どうなるだろう。「経営破綻」のニュースは、当該企業の関係者はもちろん、関連企業の関係者にも大きなショックを与える。連鎖倒産などの副次的な被害を誘発するかもしれない。破綻状態にあるのが金融機関なら、「取り付け騒ぎ」や金融パニックが広がることも考えられる。そのような事態を引き起こしてしまったら、倫理綱領に記された「公共の利益を害する」ことになる。

●――議論の起点に「知る権利」

だが、「新聞倫理綱領」は、国民の「知る権利」の「担い手であり続けたい」とうたっている。新聞記者には特別な権利が与えられているわけではない。かみ砕いていえば、記者たちは国民一人ひとりがもっている「知る権利」を、取材活動で行使しているにすぎない。「知る権利」を使って公共の利害に関する情報を得たのに、それを報道しないことは「知る権利」を否定することになり、「公共の利益を害する」張本人となる。

金融当局はメディアに対して「信用秩序の維持」を訴え、基本的に報道の先走りに神経をとがらせるが、そもそも経営者の乱脈融資や放漫経営によって危機が作られ、刑事責任が追及されるような悪質なケースの場合もあり、ときに報道機関はいち早く警鐘を鳴らす責務もある。

報道機関が足並みをそろえる必要もないし、どういう報道が道徳的かという線引きもできない。そのつど、手探りで模索していくしかない。大切なことは、自分たちが超越的な立場にいられないと自覚することだろう。

●――幻の日刊工業新聞スクープ

金融当局と報道機関がせめぎ合った例として、山一証券をめぐる報道自粛が挙げられる。四大証券の一角を占めていた山一証券は1965年5月、深刻な経営危機に陥り「日銀特融」を受けた。その影で、報道各社は協定を結び山一危機の報道を自粛していた。

杉山隆男『メディアの興亡』によると、その年の1月、日刊工業新聞記者の松本明男が、日本興業銀行頭取の中山素平を訪ねて「山一危機」を報じると通告した。日興銀は山一の後ろ盾となっていた銀行である。中山は大蔵官僚の加治木俊道に相談した。

加治木は、かつておこった1927（昭和2）年の「金融恐慌」の再来を避けようと、在京の朝日・毎日・読売・共同通信など7社の経済部長でつくる「七社会」に自粛を申し入れた。七社会は報道協定を結んだ。日刊工業新聞社も七社会準加盟のため、松本明男のスクープは陽の目を見なかった。

杉山は、大蔵省に入れ智恵したのは日経新聞社の圓城寺次郎であったと記している[9]。「どのような口実をつけようとも、新聞社が政府に手を貸して国民に目隠しをした事実に変わりはない」「おそらく政府は『山一危機』をめぐる新聞社の協力ぶりを目にして、日本の新聞はくみしやすいと思ったに違いない」。

■思考の道具箱■倒産法

破産法や会社更生法など、個人や企業が経済的に行き詰まった際に適応される法律の総称。倒産法は「清算型」と「再生型」に大別される。清算型は、破産法や会社法の特別清算手続きで、債権者への弁済を目的とする。再生型は会社更生法と民事再生法とがあり、事業を継続させて更生を目指したり、債務者に再生を促したりするためのものだ。「破綻」「倒産」と報道されても、会社が消えてなくなるわけではない。

●――バブル崩壊、信組の破綻

上述のとおり、杉山が権力に迎合しがちな日本の報道機関を批判してから9年後、『毎日』がコスモ信用組合の経営破綻をスクープした。1995年7月29日土曜日朝刊1面の下方で「『コスモ信用組合、自主再建は困難』　東京都と大蔵省・日銀、収拾策の協議入り」と記した。中面では「信用秩序の維持を優先　東京都と大蔵省・日銀が一致　コスモ信組問題」との見出しで、大蔵省と日銀の判断と動向を詳しく報じた。[10]

この報道を受け、ライバル各紙が夕刊から追いかけた。『朝日』の見出しは「『自主再建困難』の報道/コスモ信組側は否定」、『産経新聞』も「『自主再建困難』報道を全面否定/コスモ信組理事長」という見出しをつけ、「コスモ発の世界恐慌となったら死んでも死に切れない」というコスモ信組理事長の『毎日』に対する怒りの声を紹介した。

東京のコスモ信組の破綻報道から約1か月後の1995年8月、こんどは大阪の木津信用組合が経営破綻した。信組としてはありえない1兆円を超える預金を集めており、日銀特融が実施された。報道各社はほぼ横並びで、大阪府が木津信組に業務停止命令を出す見込みであると、夕刊で前打ちした。その日が水曜日だったこともあり、預金者が店頭に殺到し、怒号が飛び交う光景がお茶の間のテレビに映し出された。

●――足並み崩れた破綻報道

朝日新聞社の週刊誌『アエラ』は翌9月、「金融破綻をどう伝えるか　各社が悩む使命と取り付け」という特集を組んだ。[11]記事によると、『朝日』と『読売』は「窓口の営業時間を意識し、午後四時ごろから家庭へ配られる遅い版に記事掲載を絞った」といい、NHKも午後5時まで報道しなかった。一方、『毎日』は特別の配慮をしなかった。『日経』と共同通信は専用端末を通じて、午後1時半に破綻の速報を会員向けに流した。コスモ信組のときとは異なり、各社の判断はまちまちだった。

２０００年４月には、金融監督庁から経営改善を求められていた第一火災海上保険が、自主再建を断念した。30日付の朝刊で『毎日』が「断念する方針」と書き、『朝日』が翌日後追いした。大手損害保険会社の経営破綻は戦後初めてだった。

このニュースをめぐり『読売』は、金融監督庁長官のコメントを「異例の批判談話」として紹介している。[12] コメントは「第一火災は資本充実を図るため、他社との提携交渉に向け、最後の努力を行っていたが、報道を契機に、契約者に混乱をもたらす恐れが生じたことから、事業継続を断念した」という内容だった。

［注］
［1］朝日新聞『「倒産ではない」再び強弁　シーガイア問題で松形知事』２００1年6月22日朝刊宮崎版
［2］朝日新聞「経営危機報道に一石　毎日新聞のコスモ信組再建困難報道（メディア）」１９９５年8月3日朝刊
［3］菊池哲郎「記者の目　コスモ信組めぐる報道　朝日新聞の批判に反論する」毎日新聞、１９９５年8月8日朝刊
［4］朝日新聞「倒産の引き金（窓・論説委員室から）」１９９５年8月9日夕刊
［5］朝日新聞「検証　昭和報道　企業の昭和史」２００９年11月26日朝刊
［6］朝日新聞「金融報道　破たん次々メディア惑う（わたしたちの15年：19）」２０００年5月21日朝刊
［7］読売新聞社調査研究本部編『実践ジャーナリズム読本：新聞づくりの現場から』中央公論新社、２００2年、28-35頁
［8］「新聞倫理綱領」日本新聞協会ホームページ（http://www.pressnet.or.jp/outline/ethics/ ２０１7年4月21日取得）
［9］杉山隆男『メディアの興亡（上）』文春文庫、１９９８年、２５４-２５５頁
［10］毎日新聞『「コスモ信用組合、自主再建は困難」東京都と大蔵省・日銀、収拾策の協議入り』１９９５年7月29日朝刊
［11］鈴木直哉・高橋淳子「金融破綻をどう伝えるか　各社が悩む使命と取り付け　金融不安・報道」『アエラ』１９９５年9月11日号18頁
［12］読売新聞「第一火災破たん先行報道　日野金融監督庁長官が批判」２０００年5月1日夕刊

【参考文献】

毎日新聞「豊川信用金庫で取り付け騒ぎ　デマにつられて走る」1973年12月15日朝刊

朝日新聞「記者必携の〝ルールブック〟（読者と新聞　編集局から）」1990年12月2日朝刊

朝日新聞「特設ニュース面　山一の経営危機（戦後50年　メディアの検証：10）」1995年4月8日朝刊

小野展克「経済報道と企業信用」『生活経済学研究』2008年28巻

軽部謙介「経済報道の現状と課題」『証券レビュー』2016年4月号

駒橋恵子「経済事件の発覚過程と報道の役割：2004年の経済報道を題材として」『コミュニケーション科学』2005年22号

高野郁郎「倒産報道で厳しい基準を設定」『新聞研究』1978年4月号

藤井良広「そごう破たん報道を振り返る：十分な情報発信ができたか疑問は残る」『新聞研究』2000年11月号

山田厚史「うろたえず冷静に：改革・破たん報道の視点（不安の時代、新聞は）」『新聞研究』1998年2月号

■思考の道具箱■

コンプライアンス

もっぱら「法令遵守」という意味で使われる。1990年代以降、企業の不祥事にまつわる報道でたびたび使われるようになった。報道を掲げるメディアも例外ではなく、「コンプライアンス推進室」「コンプライアンス委員会」などの部門を設けたり、コンプライアンス担当役員を置いたりする企業もある。

もともとの意味は、命令や要求への「追従、承諾」で、法律さえ守っていればよいというのではなく、消費者や生活者などから求められる倫理水準への応答をも含む概念である。「法令遵守」という訳語のもつ響きもあってか、企業内の業務命令に記者たちが盲従する傾向が懸念される。

新聞社や放送局の従業員であったとしても、公共的な使命を自覚するジャーナリストは、じぶんが負っている社会的責任をはたすため、必要に応じて勤務先の命令に背かなければならないこともある。

第3章
取材相手との約束

CASE：009

オフレコ取材で重大な事実が発覚したら

1　思考実験

中央官庁から赴任してきた新任の局長が、記者クラブの加盟社と懇談したいと言ってきた。いわゆる「記者懇」というやつだ。批判の多い取材方法だが、地方紙にとっては政府の動向を知る貴重な機会でもある。「ざっくばらんに、本音で語り合いたい」というのが局長の意向だった。

参加の条件は、懇談で出た話は報道しないこと。メモや録音も当然禁止。完全なオフレコ。わたしのほか地元放送局や、全国紙、通信社の支局記者ら約十人が参加した。

東京から赴任してまだ日の浅い若い局長の舌は、思いのほか滑らかだった。昼間の記者会見とはうって変わり、グラス片手に業界のウラ話を楽しそうに話したかと思うと、勢いあまって政治家をコキ下ろしてみせた。「完全オフレコ」という約束が彼を大胆にさせたのだろう。

意外なほど気さくな話しぶりは、エリート官僚らしくなく、わたしは親しみを覚えた。

「そりゃさあ、あそこを捨て石にするのは忍びないよ」局長はまわりの記者に気を遣ってビールを注ぎながら言った。「でも、どこかに作らなきゃいけないものだし……」

「あの……捨て石っていうのは、県北部の」地元放送局の若い記者がさっと右手を挙げた。「例の、処分場予定地の下流域のことですか」

産業廃棄物処分場建設予定地の下流にある集落では反対運動が起こっている。そのことは、ウチはすでに小さな記事にしていた。

放送記者が続けて尋ねた。「着工の時期を住民側にどのように伝えるんですか」

「あさってレイプします、なんて言えないよね」局長は半笑いだった。「ヤるときは押し倒して無理矢理……なんてね。ははは」

下品な喩えにげんなりしたが、その後、話題はあちこちに飛び、懇談会はお開きになった。記者が官僚と飲む。「癒着だ」と批判する人はいるが、権力に肉薄するひとつの取材手法だという意見もある。正直なところ、わたしには、よくわからない。

参加者全員が店の外に出たとき、例の若い放送記者が言った。

「いまごろすみません。でも、なんか引っかかるんです、『捨て石』と『レイプ』という言葉。それと抜き打ち着工の話も。ぼくはオフレコの約束を反故にしてニュースにするかもしれません」

わたしは腰が抜けそうになった。この若造、なにを言い出すんだよ。他社の記者と顔を見合わせた。みな動揺していた。

「おい、きょうのはオフレコだったんだ。約束を破ったら、今後一切、取材受けないからな！」局長は血相を変えた。だが例の記者は一礼すると、走り去った。その場に残された記者たちは、顔を見合わせたままだ。わたしはどうすべきだろうか。

[A] オフレコの約束は守る立場

不適切な発言があったのは事実だが、証拠となるメモも録音もない。あやふやな記憶だけで記事を書くのはとても危険だ。あの発言を除けば、結果的によい情報収集の機会だったと思う。オフレコ懇談の信義則は守ろう。

[B] オフレコを破って書く立場

オフレコの約束を受け入れたことは事実だが、局長が口にした「捨て石」や「レイプ」は暴言だ。権力者が性暴力に喩えて、県北部の住民を愚弄し、産廃処分場建設の抜き打ち着工も示唆した。書くのはジャーナリストの義務だ。

2　異論対論　［B］オフレコを破って書く立場

ウォーターゲート事件では、記者も情報源も正義と自由を守るために闘った同志だ。だが、今回のケースはまったく違う。局長は県民を傷つける暴言を吐いた。書けないのはオフレコを受け入れたからだ。ミスだった。これ以上のミスを重ねないためには、わたしもオフレコを反故にすべきだ。さもないと、わたしたちもあの暴言の共犯者になる。

反論

権力が懇談会を催すのは、記者を飼い慣らすため。それを承知でわたしたち記者は参加している。じぶんでは当局と緊張関係を保っているつもりでも、こんなことを続けていたら、批判精神を失う。今夜起こったことは単純だ。官僚が、わが県の北部を「捨て石」にし、異議を申し立てている住民を「レイプ」すると言ったのだ。地元社会にとって由々しき事態だ。

再反論

わたしたちは国民の「知る権利」のために仕事をしている。記者懇は権力との密会で、オフレコは密約。こんなことをしていたら新聞の不買運動が起こりかねない。権力者の怒りを買うより、読者から石をぶつけられるほうが打撃だ。1社でも「書く」と言い出したのだから、オフレコは解除されたようなもの。残された記者たちに呼びかけて、局長にオフレコ解除を通告して書こう。

2　異論対論　［A］オフレコの約束は守る立場

ウォーターゲート事件の報道で、ワシントン・ポスト社の記者は情報源がだれかを明かさなかった。オフレコの約束は絶対なのだ。今夜の懇談会は完全オフレコの「オフ懇」だったし、参加する・しないは記者側の自由意志に任されていた。たしかに問題発言はあった。だが、懇談会が終わったあとで「書くかもしれない」と言った若い記者に追随する必要はない。

反論

記者の仕事は風紀委員じゃない。指摘ばかりしていると、めぐりめぐって市民社会の利益を損ないかねない。懇談会に参加したおかげで、公式会見ではわからない情報やヒントが得られた。業界のウラ話はおもしろかった。「捨て石」や「レイプ」は褒められた発言ではない。だが、懐に飛び込まなければ取れない情報もある。産湯とともに赤子を流してはいけない。

再反論

例の記者が会社で「書く」と言っても、業界の慣例として十中八九ボツだ。万が一、あすのニュースで放送されたら、その時点で「オフレコ」は自動的に解除になる。そのときに書けばいい。オフレコを破ったメディアは信義則違反なので、今後取材しにくくなる。だが、わたしにペナルティが科される心配はない。わたしにとっても、わが新聞の読者にとっても最良の選択だ。

3　実際の事例と考察

最初に確認しておくべきは、ニュース報道では情報源を明示するのが基本原則ということだ。「○○市の警察／消防によると」「副社長の○○氏によると」「○○被告の○○弁護士によると」のように、情報源をはっきり示す。こうすることで検証が可能になる。

ジャーナリストたちは検証に耐える信頼性の高い記事を書くよう方向づけられる。誤報や捏造を防ぐ効果もある。原則はオンレコ（on the record）であり、オフレコ（off the record）は例外的な手法だ。

ただ、オフレコ取材は読者や視聴者の目に触れないため誤解されやすいが、べつに後ろめたい情報収集法ではない。アメリカのメディア界では、オフレコやオンレコ、情報源をぼかすルールが比較的守られている。

●──情報源を不透明にするルール

情報源を曖昧にするケースは2種類ある。ひとつは背景説明で「バックグラウンド」あるいは「バックグラウンド・ブリーフィング」と呼ばれる。大統領や閣僚は記者会見に何時間も時間を割けない。このため事情に通じた人物が記者たちに説明する。「○○省高官によれば」というふうに、情報源の属性が一定程度明らかにされるニュースはバックグラウンドの説明によって書かれたものと考えていいだろう。

二つめは、情報源の属性をぼかす「ディープ・バックグラウンド（・ブリーフィング）」だ。非公式に情報を開示した人物がだれなのかを具体的に書けない場合、「○○筋」などと記される。この区別はアメリカ国務省が職員向けに配付したガイドラインに掲載され、ワシントンの記者たちのあいだで慣例になっている[1]。その先にオフレコが連なる。

日本でも、霞が関や永田町の「政官界」担当の記者は、日常的に「政府高官」や「消息筋」などと書く。だが、それらはあくまでも権力と一部記者たちでつくる「狭い村だけで守られる掟」でしかない。大手メディアでも首都圏から離れた支局の記者は「〇〇省幹部」と「〇〇省筋」とを区別できるかどうか疑わしいくらいだ。

地方の役所や議会、経済界などでも「オフレコ」という言葉は使われるが、発言者を秘匿化することを意味したり、失言後のエクスキューズとして用いられたり、かならずしも運用は一定しない。同時に、ジャーナリストの側の理解も一様ではない。

マスメディアが政党や官公庁を取材するのは、公共的で公益性の高い情報が集まるからだ。権力者たちは「ここだけの話」という条件を提示しがちでもある。記者クラブ所属の記者を対象にした記者懇は、そうした場として利用される。

参加する記者の心理はどんなものだろう。当局が考えていることを理解したい。多くの情報に触れたい。本音や実像に肉薄したい。怖い物見たさ、特オチがこわい、声がかかったことが誇らしい……。しかしオフレコを条件にした取材は報道できなくなるので、度を超すと「知る権利」に応えられなくなる。

■思考の道具箱■知る権利

わたしたちが必要とする情報を、権力から妨げられることなく入手できる権利。「言論・表現の自由」は民主的な社会においてもっとも重要な基本的権利だが、統治機構が複雑で専門的になり、マスメディアも巨大企業化するにつれ、一般市民が重要な情報源から遠ざけられるようになった。こうした問題認識から、身近な暮らしから外交や通商問題に関する内容まで、必要な情報を自由に入手することを求める「知る権利」に注目が集まり、ジャーナリストの存在理由のひとつとして認識されている。

●——内部告発と「取材源の秘匿」の関係

オフレコの延長線上にあるものとして、内部告発者を守る「取材源の秘匿」も考えておくべきだ。情報を提供する内部告発者に危害が及ぶ可能性は高い。実話をもとに作られた映画『シルクウッド』[2]は原子力発電所の不正を書いてもらうため新聞社に向かう途中で変死した労働者の事件が、『インサイダー』[3]でもタバコ会社の不正を告発した副社長の自宅に銃弾が送られてくる場面が描かれた。内部告発を取材する場合、ジャーナリストやメディアは取材源を絶対に守らなければならない。

さて、今回の思考実験についていえば、「完全オフレコの懇談会」(オフ懇)に参加した時点で、記者側は市民社会から支持を得にくい状況に陥ってしまったといえる。オフレコ取材について日本新聞協会は「真実や事実の深層、実態に迫り、その背景を正確に把握するための有効な手法」「結果として国民の知る権利にこたえうる重要な手段」とその有用性を認めつつも、「ニュースソース側に不当な選択権を与え、国民の知る権利を制約・制限する結果を招く安易なオフレコ取材は厳に慎むべき」と釘を刺している。[4]世界最大の通信社APも、相手がバックグラウンドやオフレコを望んでも、オンレコ取材を求める努力をするようガイドラインで奨めている。[5]

●——霞が関のルール/地方のルール

思考実験の主人公は当初オフ懇に満足していたが、他社の記者が「書く」と言い出したことで、ジレンマに陥った。抜き打ちで工事が強行されるという情報は公共的で公益性の高い情報だ。県民の関心も強い。「捨て石」「レイプ」などの驚くべき暴言は、全国ニュースになるだろう。ジャーナリストは国民の知る権利に応える責務がある。その責務をはたすことを禁じているのが、オフレコの約束だ。

ワシントンの記者はもちろん、日本でも政官財界を取材している記者ならばオフレコの約束を守るかもしれない。だが、思考実験が示した現場は、どこにでもある日本の地方都市。政治記者のルールがすべての取材現場に適応されると考えるのは傲慢だし無理がある。「なにを差し置いても報道しなければならない」という情報に触れたとき、批判されることを覚悟のうえで報じた記者を、読者はけっして責めはしないだろう。

●――琉球新報社の事例

２０１１年11月28日夜、那覇市内の居酒屋で、オフレコの記者懇談会が開かれた。呼びかけたのは防衛省の田中聡沖縄防衛局長。地元紙や全国紙から９人の記者が参加した。懇談会で防衛局長の口から飛び出した「暴言」が、翌朝の『琉球新報』１面で大きく掲載された。この時点でオフレコの意味がなくなり、各社が一斉に報道。「暴言」は政治問題に発展し、局長は更迭された[6]。

29日付『琉球新報』１面には「『犯す前に言うか』田中防衛局長／辺野古評価書提出めぐり」の大見出しがついた[7]。当時、沖縄ではアメリカ軍普天間飛行場の「県外移設」を求める声が高まり、県議会では移設先の環境影響評価の評価書提出を断念するよう求める決議もなされていた。評価書の提出は辺野古移設への実質的なゴーサイン。防衛大臣は提出時期をはっきり述べていなかった。

『琉球新報』によると、懇親会で提出時期に関する質問を受けた局長は「これから犯す前に犯しますよと言いますか」と答えたという。１９９５年にはアメリカ兵による少女暴行事件があり、アメリカ軍幹部の「レンタカーを借りる金で女が買えた」という暴言も沖縄県民には忘れられない事件だ。

琉球新報社は「オフレコ」の約束を破り報道したことになる。同社の普久原均報道本部長（当時）は、朝日新聞社の取材に「人権感覚を疑う内容の上、重要な辺野古移設にかかわる発言で、県民に伝えるべきニュースだ」「報道しないという判断を正当化する理由はなかった」と答えた[8]。抜き打ちで報道したのではなく、「防衛局側に通告した上

■思考の道具箱■取材源の秘匿

報道の基本原則はニュースの出所や提供者を明らかにすることだが、それらを秘密にしなければならないケースがある。たとえば、企業や政府の内部不正を社会に広く知らしめるためメディアに情報提供する人（内部告発者）は、身体や社会的地位に危険が及びかねない。取材源が秘匿されることで初めて伝えられる重要なニュースもある。こういう情報源をメディアが秘匿しなくなれば、めぐりめぐって国民の利益が損なわれる。取材源の秘匿は報道にたずさわるジャーナリストやメディアが守るべき重要な倫理である。

で」筋を通して掲載したと説明した。

メディア界から疑問の声が上がった。朝日新聞那覇総局長の谷津憲郎は12月3日付のコラム欄で、みずからは懇談会に遅刻して問題発言を聞いていないが、もし聞いていたとしても「たぶん記事にしなかった」と書いた。[9] ｍｓｎ産経ニュースで、高橋昌之は「発言を聞いた後で『けしからん内容だから、約束を破って報道する』というのは『だまし討ち』」と断じた。[10] くわえて、もし報道したいのなら「その場で田中前局長に対して『発言内容を報道したい』と提起して、同席した記者とともに対応を協議すべき」だったと疑問を呈した。

●——国民の知る権利が優先

評価する意見も声もある。専修大学の山田健太は「メディアはオフレコを守る信義則はあるが、国民の知る権利はそれに優先される。（中略）公共・公益性があると判断した場合、メディアは報道する原則に戻るのが大前提」と明快なコメントを琉球新報社に寄せている。[11] 元共同通信記者の藤田博司はオフレコを守ろうとしたメディア各社に対し、「今回の『琉球』の報道を上回る重要な情報を読者に伝えることを期待される。（中略）できないとすれば、信義を重んじることの意味はどこにあるのだろうか」と批判した。[12]

２０１１年の琉球新報社以外にもオフレコ破りはいくつもあるし、オフレコ情報が外部に漏れた事例は枚挙にいとまがない。じぶんが所属している大手メディアでは報道できないため週刊誌に持ちかけて匿名で原稿を書くこともある。こっそり外部に情報を漏らした記者たちは、琉球新報社の対応を批判する資格があるだろうか。

90年代半ばに起こった江藤隆美総務庁長官（当時）の不適切発言は国際問題に発展した。江藤氏は「植民地時代に日本が韓国によいこともした」と発言。１９９５年11月、韓国の有力紙『東亜日報』が江藤長官の「妄言」として報じた。「妄言」は国会内で開かれた記者懇でのオフレコ発言だった。その年の夏にも「政府首脳」が「首相は頭が悪い」と発言しているとＴＢＳが報じ、その「首脳」が宝珠山昇防衛施設庁長官であることが判明したばかりだった。２００９年には違法政治献金事件をめぐり、報道各社が「自民党は立件できない」という「高官」の発言を報じ、それが元警察庁長官の漆間巌官房副長官のオフレコ懇談での発言であったことが判明した。

これらとは別に閣僚による「いまのはオフレコ」という発言がオンエアされる珍事もあった。２０１１年7月、宮城県庁を訪れた松本龍復興担当相（当時）が知事を面罵したあと、報道陣に対し「いまの最後の言葉はオフレコです。書いたら、その社は終わりだから」と恫喝した。後日、松本は辞任の憂き目にあった。

［注］

［1］朝日新聞「検証・オフレコ取材　発言、相次いで報道　ありかた問われる」１９９５年12月5日朝刊

［2］マイク・ニコルズ監督『シルクウッド』（*SILKWOOD*）』１９８３年製作のアメリカ映画

［3］マイケル・マン監督『インサイダー』（*THE INSIDER*）』１９９９年公開のアメリカ映画

［4］日本新聞協会編集委員会「オフレコ問題に関する日本新聞協会編集委員会の見解」（http://www.pressnet.or.jp/statement/report/960214_104.html ２０１６年5月4日取得）

［5］Froke, P., Jacobsen, S., & Minthorn, D. (Eds.). (2015). *The Associated Press Stylebook and Briefing on Media Law*, The Associated Press. p. 308.

［6］琉球新報電子号外「田中防衛局長 更迭へ　不適切発言で処

■思考の道具箱■2 種類の記者クラブ

記者クラブには Press Club と Kisha Club の 2 種類がある。

Press Club のルーツとして、ワシントンで 1908 年に設立されたナショナル・プレス・クラブ（NPC）が挙げられる。

NPC は取材で首都ワシントンを訪れた地方紙の記者たちが、酒を飲んだりカード遊びをしたりする溜まり場として生まれ、現在もジャーナリストたちの親睦機関という性格が強い。日本外国特派員協会（FCCJ）や日本記者クラブ（JNPC）もこれに類する親睦組織といえる。

これと区別して、日本の新聞や放送の取材記者たちが取材の拠点として設けた日本型の記者クラブが、近年 Kisha Club と表現され、海外からも批判の的とされている。

日本における記者クラブのルーツは、1890 年に第 1 回帝国議会を前に結成された「議会出入り記者団（のちに「同盟記者倶楽部」と改名)」とされる。

当時の主流新聞は、報道より論説中心の政論新聞であったが、記者たちが社論の違いを超えて団結し、取材の場を広げていった点は評価される。

記者倶楽部は官庁や政党などを取材する記者たちによって相次いで結成されたが戦時下の言論統制で変質を遂げた。

戦後 GHQ の指導下にあった 1949 年、日本新聞協会は記者クラブを「親睦と社交」の任意団体と表明した。

だが実際は取材活動の組織であり続け、90 年代には取材先との癒着や組織の閉鎖性が内外から批判の的となった。

新聞協会は 97 年に「取材拠点」と認める見解を公表したものの、排他性や横並び体質はフリージャーナリストや海外メディアから依然として批判され続けている。

分」２０１１年11月29日13：48（http://ryukyushimpo.jp/archives/uploads/img4ed462fa6a0c8.pdf ２０１６年５月４日取得）

［7］琉球新報『犯す前に言うか』田中防衛局長　辺野古評価書提出めぐり」２０１１年11月29日９：45（http://ryukyushimpo.jp/news/prentry-184598.html ２０１６年５月４日取得）

［8］朝日新聞「腕ずく『政府の本音』 性暴力放言に怒る沖縄　屈服の歴史と重なる」２０１１年11月30日朝刊

［9］朝日新聞「（記者有論）防衛局長発言　問題なのは言葉だけか　谷津憲郎」２０１１年12月３日朝刊

［10］高橋昌之「『犯す前に…』発言、琉球新報のオフレコ破りを考える」『ｍｓｎ産経ニュース』２０１１年12月４日12：00（http://sankei.jp.msn.com/politics/news/111204/plc11120412010003-n1.htm ２０１６年５月８日取得）

［11］琉球新報「『知る権利』優先　本紙、オフレコ懇談報道」２０１１年11月30日10：16（http://ryukyushimpo.jp/news/prentry-184651.html ２０１６年５月４日取得）

［12］藤田博司「だれのための報道か：『琉球新報』オフレコ破りが問いかけたもの」『世界』２０１２年２月号１４０-１４３頁

［参考文献］

藤田博司・我孫子和夫『ジャーナリズムの規範と倫理：信頼性を確保するために』新聞通信調査会、２０１４年

ローリー・アン・フリーマン『記者クラブ：情報カルテル』橋場義之訳、緑風出版、２０１１年

ロバート・A・ウェブ『ワシントンポスト・記者ハンドブック』村田聖明訳、ジャパンタイムズ社、１９８７年

朝日新聞「米メディアの虚実探る　日本人記者、相次ぎ著書出版」１９９２年５月27日朝刊

共同通信「報道と読者」委員会第６回会議（懇談取材問題、サッカーのワールドカップ）２００２年７月27日開催（http://www.kyodonews.jp/committee/conference/2002/6.php ２０１６年５月13日取得）

CASE：010
記事の事前チェックを求められたら

1　思考実験

先週、ビジネス雑誌の記者として初めてインタビュー取材をした。応じてくれたのは、新聞やテレビでもときおり名前を見かけるＩＴベンチャーの若い社長だった。

わたしといえば、記者になって日が浅く、電話で取材の依頼内容を伝える際もギクシャクしていたと思う。ただ、その会社の広報スタッフは丁寧で、手回しよく取材のセッティングをしてくれた。

社長は感じのいい人物だった。デジタルの知識が乏しい人にも理解しやすいよう、平易な言葉で、仕事の魅力を存分に語ってくれた。

たびたび話題があらぬほうに流れたが、同席した広報スタッフが「社長、脱線しています」と笑顔で割って入り軌道修正してくれた。初インタビュー取材で緊張していたわたしには、ありがたい気配りだった。

帰り際、「お役に立つと思います」と、広報スタッフから茶封筒を手渡された。学術論文らしきものが入っていた。インタビュー時に社長が口にした数字を裏付けるデータが載っていた。至れり尽くせりであった。

だが、いま、電話越しに聞こえてくる広報スタッフの口調は、おそろしく厳しい。彼が強く要求しているのは、雑誌発売前に原稿の中身をチェックさせろということだ。

取材前に記事の仮タイトルは伝えていた。こういう方向で記事をまとめる予定だということは知らせるべきだ。だが、それは予定にすぎない。編集長の方針が変わり、ボツになることもありうる。

「わたしどもは取材に全面協力しました。間違った記載がなされないよう、事前に全部読んでおく責任があります。場合によっては訂正や修正を求めます」

どんな記事になるか気になるのは当然だ。誤解を招くような発言をしなかったか。事実が誇張されたり、ねじ曲げられたりしていないか。そんな心配はよくわかる。

それでもうちの会社の内規では、刊行前の原稿やゲラを外部に出してはいけないと決められている。そう説明したが、相手は納得してくれない。

「内規はおたくの社内の決めごとで、一般社会では通用しませんよ」

わたしは電話をいったん保留にして、デスクに相談したが、「ジャーナリズムの看板を掲げる雑誌が、すすんで検閲につながることはできない」とにべもない。

そんなデスクの言葉を、やんわり電話で伝えたところ、こんどはインタビューに協力してくれた社長本人が電話に出てきた。

「おいおい、検閲だって？　ぼくは一介の民間人だよ。検閲なんて言葉は、国家権力に向かって使う言葉だろ」

原稿は手元にある。取材相手にチェックしてもらうのが正しい気もする。だが、デスクが言うとおり相手に見せることはわが社のルールに反する。見せるべきか。見せてはならないのか。

[A] ゲラを見せる立場

見せるべきだ。新聞社や放送局でも談話や単独インタビューの内容を確認してもらうことはある。自社のルールを他者に押しつけるのは傲慢だろう。IT企業は取材に協力してくれた。検閲者などと言ってはいけない。

[B] ゲラを見せない立場

見せてはならない。報道前に外部には見せないのは、わが社の内規だけではない。報道業界では鉄の掟だ。そのことは取材の前に一言断っておくべきだったが、ここで安易に悪しき前例を作ってしまうのは間違いだ。

2 異論対論 ［B］ゲラを見せない立場

読者に届く前の原稿を外部に流出させるメディアは、読者からの信頼を得られなくなる。寄稿や談話、鼎談のような著作物の場合は事前に確認してもらうことに問題はない。だが、通常の取材活動で、協力してくれた人に求められるまま原稿を見せるのは自殺行為。権力者ではないからこそ「見せてほしい」「修正してほしい」と要求してくる。気を緩めてはいけない。

反論

メディアに登場する人には、どうしても地位や権威が付与されていくものだ。ヒトラーももとは一介の市民だったがプロパガンダを駆使して独裁政権をつくりあげた。日本にもバラエティ番組やトーク番組で顔と名前を売り、その知名度を武器に政治家に転身した元タレントは何人もいる。雑誌メディアであっても、編集に介入しようと躍起になる相手には特に注意が必要だ。

再反論

事前に見せることは、修正要求を受け入れるのと同じ。それでは編集の独立が保てなくなる。これまで報道機関に圧力をかけてきたのは政府だけではない。広告主や株主企業、広告代理店、財界人、宗教団体、暴力団……。近年ではインターネットで仲間を募りヘイトスピーチをするような団体もある。今回の要求にしたがえば、その他の組織につけいる隙を与えることになる。

2 異論対論 ［A］ゲラを見せる立場

ひとくちに取材協力者といっても、関与の度合いには濃淡がある。今回は資料やデータも提供してくれた。信頼関係も構築されていた。インタビュー記事は、取材者と協力者による共同作品。被取材者にも、読者に責任を負っているという意識がある。事前に記事を見せてもかまわないどころか、今回は、記事内容をしっかりチェックしてもらうべきだろう。

反論

ジャーナリズムには権力を監視するという重大な使命がある。政権の座にある与党政治家や行政権力による検閲に対しては、体を張って闘うべきだ。しかし一介の民間人から「確認させて」と求められたとき、「検閲につながる」と拒めば、二度と取材協力してもらえなくなるだろう。そうやってマスメディアが人々の信頼を失っていくことを喜ぶのは権力側だ。

再反論

一般論として記者は専門家ではない。正確な記事をつくるには、何重にも確認する必要がある。そんなチェック作業に、取材相手が参加してくれることは、むしろ歓迎すべきことだ。記事にするか、ボツにするかの最終決定権を、われわれメディア側が手放さなければ、編集のプロセスはオープンなほうがよい。

3　実際の事例と考察

検閲とは何か。『広辞苑』には「出版物・映画などの内容を公権力が審査し、不適当と認めるときはその発表などを禁止する行為」と記されている。検閲を考えるうえで前提となるのは「権力」であり、権力による検閲に抗う理念が「言論の自由」である。

歴史上のもっとも有名な検閲は1542年、ローマ教皇パウロ3世が反カトリック的な出版物を取り締まったときに起こった。グーテンベルクが印刷術を発明してから約百年後のできごとだった。さらに約百年後、イギリスでジョン・ミルトンが検閲に抗議して政治パンフレットを無許可で出版した。これが「言論の自由」という思想実践の源流と言われている。ミルトンがパンフレットに記した検閲の害を精緻に論じたのが、功利主義の思想家J・S・ミルによって19世紀に著された『自由論』である。

●――権力の移り変わり

第二次世界大戦期、各国のメディアは自由を手放して政府のプロパガンダを担い、日本では敗戦後のGHQ占領期にも、厳しい検閲がおこなわれた。なにが権力で、なにが権力でないのか、一目瞭然だった。

しかしこんにち、権力者と権力者ではないものとの区別は曖昧になった。インタビューの後、ゲラ（校正刷り）の確認をおこない、表現の修正や削除を求めてきたのが、村役場の臨時職員であれば「検閲だ」と言えるだろうか。民間人であったとしても、巨大企業の宣伝広告担当役員であればどうだろう。

他方、メディアも千差万別だ。個人経営の地方出版社もあれば、読売新聞グループや朝日新聞グループのような巨大複合企業体もある。その影響力は政府をも左右する。中規模の企業でも、県内シェアを独占している地方紙は、地域限定ながら地元で強い権力性を帯びていることが多い。

権力による露骨な介入はわかりやすいが、現代社会における「検閲」の問題はケースごとに判断するしかない。読者や視聴者の側が注意しなければならないのは、メディアが権力の意向を忖度(そんたく)して自主規制する行為だ。メディア企業が内部で自主検閲しはじめれば、読者・視聴者の側は、何が隠されたか知る手がかりを失ってしまう。

●――ケース・バイ・ケース

この本の著者であるわたしは、全国紙や通信社、雑誌社で約25年にわたって報道現場にいた。その経験から言えるのは、記事を事前にチェックしてもらうことは原則的におこなわれていないということだ。記事の末尾に添える識者談話も、電話で原稿を読み上げて確認してもらう程度で、ゲラをファックスやメールでまるごと送ることはなかった。およそジャーナリズムを掲げる雑誌や放送メディアは、おおむね新聞各社のルールに準じているとみてよい。

だが現実はケース・バイ・ケースで、最先端の医療や科学技術分野、金融など専門家へのインタビューの場合、正確を期すため取材協力者にチェックしてもらうことはある。研究者や学者を取材対象とする専門的なメディアでは、ゲラをチェックしてもらうのが当たり前というところもある。このため、専門誌などのメディアに慣れ親しんでいる人と、一般紙誌や放送局とのあいだでたびたびトラブルが起こってきた[1]。

■思考の道具箱■地位付与の機能

メディアで好意的に取り上げられた人や集団には権威や威信など社会的地位が与えられる。マスコミュニケーション研究における古典的な理論のひとつで、P・ラザースフェルドとR・マートンが唱えた。地位付与の機能のほか、マスメディアには人々に規範意識を植え付け守らせようとする「社会的規範の強制」や、大量に情報提供することでかえって政治的無関心をもたらす「麻酔的逆機能」があるとされる。

●——オウム事件でのTBSの事例

狭義の「検閲」とは言えないが、ニュースとして報じられる前に関係者に取材内容を伝えたことで事件を誘発したとみられる事例として、TBSビデオ問題が挙げられる。

TBSは1989年10月、オウム真理教教祖の取材を条件に、教団をかねてから批判し、対立関係にあった坂本堤弁護士のインタビューテープを教団幹部に見せた。ビデオを見た教団幹部はTBS側に放送中止を求め、その9日後に坂本弁護士一家は殺害された。TBSは当初、ビデオを見せたことを否定していたが、逮捕された教団幹部の証言によって認めざるをえなくなった[2]。

出版前の原稿チェックが注目された事件としては、山口県光市の母子殺害事件で死刑判決を受けた元少年の実名を記した単行本をめぐる訴訟がある。元少年側は単行本の著者に対して出版差し止めや1200万円の損害賠償を求めて訴えた。元少年側は、事前に原稿を見せてもらうことになっていたと主張し、著者側はそのような約束は存在しないと反論していた[3]。

2016年、絵に描いたような原稿の事前チェック問題が『日経ビジネス』を舞台に起こった。同誌記者の林英樹はその顛末を「『記事の事前チェック』はアリなのか」と題する記事で自身の体験を詳しく紹介している[4]。

●——事前チェックは常識か

記事によれば、林は同誌の2016年3月号の取材で、スポーツ庁長官の鈴木大地をインタビューし、数日後に長官秘書の政策課職員から記事の事前確認を求められた。林はメールで「お断り」を伝えたところ、直接電話がかかってきた。そのときの職員の言葉を林は紹介している。

「メディアに事前の原稿確認を断られたのは初めて」

「これまで他のマスコミの取材では掲載前に原稿を確認している」

「ぼくは原稿を出せと迫っているわけではない。（中略）だから検閲には当たりません。他のマスコミは事前に原稿を出している、その事実をただ客観的にお伝えしているだけです」

林は「国家権力による報道への介入に当たるのではないか」と厳しく批判した。

国家権力ではなく、ブランド大学が地方紙記者に記事の事前チェックを求めた例もある。2016年1月、京都新聞社のニュースサイト「記者コラム」コーナーに、「同志社大の『検閲』」という記事が掲載された[5]。コラムによれば、同志社大学から学内イベントの案内が届いたが「授業名の明記と記事の事前チェック」が条件であった。記事の事前チェックには応じられないと告げたが、同志社側は「条件は譲らない」の一点張り。記者は『検閲』のような対応は受け入れられないと判断してボツにしたという。記者は「言論の自由は、記者や大学人が最も重んじる価値だろう。対極にあるのが『検閲』だ」と厳しく難じた。

■思考の道具箱■ゲラ

校正刷り、校正紙。原稿どおり組まれているか、誤字等はないかを確認するための試し刷りを意味する、印刷出版界の用語。英語のgalley（ガリー／ギャレー）に由来し、もとは金属活字を入れる長方形の盆（組みゲラ）を指した。組みゲラに入れたままインクを塗って刷ったものが「ゲラ刷り」などと呼ばれ、今日の新聞や出版業界では、校正刷り全般を意味する。

●──政治介入を許したＮＨＫの報道番組

政治家に対するメディアの忖度が指摘されたのは、ＮＨＫの番組改変問題である。朝日新聞社の報道によれば、安倍晋三官房副長官（当時）らが２００１年１月、ＮＨＫのＥＴＶ特集「問われる戦時性暴力」が放送される前日に、ＮＨＫ幹部を呼び、「偏った内容だ」などと指摘し、ＮＨＫ側が番組内容を変えて放送していた[6]。この報道をＮＨＫは否定し、両社のあいだで激しい批判の応酬が繰り広げられた。

この事件では、番組に取材協力した市民団体が、番組を改変したＮＨＫなどに損害賠償を求めて提訴した。その控訴審判決で、東京高裁は２００７年、ＮＨＫ幹部が放映前に安倍官房副長官らに面談し「相手の発言を必要以上に重く受け止め、その意図を忖度して改編した」と認定した[7]。２００９年にはＢＰＯ（放送倫理・番組向上機構）が意見書で、ＮＨＫ幹部が放送前に政権与党に説明し、国会担当幹部が現場に直接改変を指示した一連の行動を「視聴者に重大な疑念を抱かせる行為」と厳しく批判している[8]。

［注］

［1］「カルテ情報を勝手に流出、マスコミは「マスゴミ」、遺族に「賠償金がほしいのか？」　患者、遺族を攻撃する「医師限定サイト」の暴走」『週刊朝日』２００７年６月１日号、１２６-１２８頁

［2］朝日新聞「２日間で覆った２カ月半の調査（オウム取材　揺れるＴＢＳ）」１９９６年３月26日朝刊

［3］読売新聞「『出版前に見せる約束なし』著者が証言　光母子殺害本訴訟」２０１１年12月22日朝刊

［4］林英樹「『記事の事前チェック』はアリなのか」『日経ビジネスオンライン』２０１６年４月20日（http://business.nikkeibp.co.jp/atcl/opinion/15/221102/022700176/　２０１７年１月５日取得）

［5］京都新聞「【記者コラム】同志社大の『検閲』」２０１６年１月19日（www.kyoto-np.co.jp/education/article/20160119000035　２０１６年１月19日取得）

［6］朝日新聞「中川昭・安倍氏『内容偏り』指摘　ＮＨＫ「慰安婦」番組改変」２００５年１月12日朝刊

［7］毎日新聞「ＮＨＫ特番問題：ＮＨＫに賠償命令　番組改変『政治家意図そんたく』　東京高裁判決」２００７年1月30日朝刊

［8］毎日新聞「メディア事情：ＮＨＫ従軍慰安婦番組改変問題　検証番組求める視聴者の声」２００９年5月18日朝刊

［参考文献］

Milton, John（1644）*Areopagitica: A speech of Mr. John Milton for the liberty of unlicensed printing to the Parliament of England.*（原田純訳『言論・出版の自由：アレオパジティカ』岩波書店、２００８年）

香内三郎『言論の自由の源流：ミルトン「アレオパジティカ」周辺』平凡社、１９７６年

W・シュラム編『マス・コミュニケーション：マス・メディアの総合的研究』学習院大学社会学研究室訳、東京創元社、１９８８年

■思考の道具箱■報道の定義とは？

政党が不特定多数の人に向けて公的な情報を発信すれば、それは「報道」と言えるだろうか。

2014年、橋下徹大阪市長（当時）は、記者会見場にみずからが率いる「大阪維新の会」の映像取材クルーを入れるよう大阪市政記者クラブに申し入れ、クラブ側が「報道目的ではない」と拒む珍事があった。

橋下は会見の当日、記者たちに向かって「事実を客観的に伝えることを報道というふうに僕は定義しています。株式会社であろうが、新聞社であろうが、テレビ局であろうが、報道の免許や資格要件はないわけですから、政党であったとしても、報道になると思うんです」と挑発したが、記者たちからの明確な反論はみられなかった。

報道の定義とはなにか。報道と報道でないものとの線引きはどこにあるのか。政治家とジャーナリストは兼務できるのか。ジャーナリストの資格要件はあるのか。

知名度の高い新聞社や放送局で取材をする人たちは、そんな根源的な問いから遠ざかりがちだ。

CASE：011
記者会見が有料化されたら

1　思考実験

保険金殺人の疑いがかかっている夫婦が、われわれ報道陣の取材に応じる条件を提示してきたのは、先週のことだった。

アドバイスした人物がいるのだろう。報道被害問題に熱心な活動家が支援に入ったか。あるいは、事件ゴロのようなやつらが介入してきたか。いずれにしても、その夫婦が現場で配った紙きれの冒頭には、こんな言葉が綴られていた。

「自宅の前にはいつも報道関係者がうろついています。無遠慮にカメラやマイクが向けられて、わたしどもは迷惑をしています。報道関係者から〝監視〟される暮らしが始まってから、わたしたちは仕事ができずに経済的な損失を被り、体調も崩れて健康被害も受けています。そうした被害は、わたしたちだけでなく、ご近所の方々にも及んでいます。わたしたちは平穏に生活する権利を著しく侵害されています」

くやしいが正当な抗議だ。無視はできない。

現場の記者たちに悪気などない。むしろ正義感に満ちている。記者の耳と目は、読者の耳と目。優秀な記者ほど対象に肉薄して真実をすくいあげようとする。読者の「知りたい」という気持ちに応えるためだ。

今回は、たまたま狭い地域を多くの記者が取材し続けていたため、住民に迷惑がかかってしまった。それはよくないし、素直に反省すべきだ。

でも、だからといって「疑惑夫婦」の側がメディアから料金を徴収して、高級ホテルで記者会見を開くなんて、どうも釈然としない。

「わたしどもは取材申し込みのメールや電話を、頻繁かつ執拗に受けています。むろん、それに応える義務などありません。しかし、市民として平穏な暮らしを取り戻すため、わたしたちがホテルの一室を借り、記者会見を開くことにしました」

配られた紙の末尾には、「記者会見の参加費は一社十万円。映像や音声を記録し、放送で使用する場合は、別途料金が発生します」と記されていた。場所は東京の一等地にあるホテルのVIPルーム。映画スターの婚約会見じゃあるまいし、いったい何様のつもりだ。

わたしは、その紙切れを手にして戻ってきた若手記者に言った。

「で、他社(ヨソ)はどうなんだ」

「各局総出にきまってるじゃないですか。なんたって『疑惑夫婦のナニサマ会見』ですからね」

このところ業界ズレしてきた部下の口ぶりが、昔のじぶんに重なる。体張って番組を背負っているという気負いが表れているのだろう。

ジャーナリズムを手放すつもりはないが、数字が気にならないといえば嘘になる。わたしはキー局の報道番組を仕切るチーフプロデューサーとして、決断しなければならない。

[A] 有料取材に参加しない立場

取材相手に金を払って記者会見に参加するのは間違いだ。映像として記録しておく価値はゼロではない。だが会見の主導権を全面的に相手に預け、要求されるまま金を払うことで、われわれは大切な何かを失う。

[B] 有料取材に参加する立場

取材には金がかかるものだ。どんな愚かしい記者会見であったとしても、われわれメディアには、それを記録して後世に伝える使命もある。この仕事は頭でっかちではつとまらない。好奇心を失ったらおしまいだ。

2 異論対論 [B] 有料取材に参加する立場

格好つけても仕方がない。民放は広告主に支えられる商業メディアだ。五輪やW杯の放送権料をめぐって、各国の放送局は何十、何百、何千億円という金を支払っているのは公知の事実。IOC やFIFA には追従するくせに、報道被害を訴える民間人にビター文払わないというのはご都合主義もいいところ。疑惑の夫婦の言い分も、それが有料会見であることも、すべて報道すべきだ。

反論

金銭に還元できないニュースのために、大金を使った例もある。ウォーターゲート事件で失脚したニクソン元大統領に、イギリスの元コメディアンが60万ドル支払ってインタビューした。その結果、大統領による歴史的な「謝罪」を引き出すことができた。すぐれた取材者は、公益に資するためなら、あの手この手で報道する。そうした試行錯誤がジャーナリズムを鍛えるのだ。

再反論

そもそも夫婦は「疑惑」の段階で記者やカメラに取り囲まれ、プライバシーを侵害されていた。その抗議は正当なものだ。夫婦は会見で、メディアが地域を混乱させた問題について言及しつつ、身の潔白を一方的に伝えるだろう。それをあえて報道しないのは、メディアの奢り。その会見が有料であることも含めて、すべてをオープンにして視聴者に伝えるのが誠実な対応だ。

2 異論対論 ［A］有料取材に参加しない立場

夫婦はじぶんたちの商品価値に気づき、高く売ろうとしている。メディア側も夫婦の会見で視聴率を稼ぎたいという思惑がある。金に目がくらんだ者たちの共犯関係だ。ニュースは本来パブリックなもの。金を払って得た情報を、報道するようになれば、取材者たちの感覚も麻痺していき、ジャーナリズムの精神は、市場の論理に蝕まれていくだろう。

反論

興味本位のセンセーショナルな報道が、市民社会からたびたび批判されてきたことを忘れてはいけない。報道機関がニュースの「送り手」でなく、ネタの「買い手」になった世界を想像してみれば答えは明らかだ。金になる情報を報道機関に売る――そんなパパラッチ的な風潮を、われわれは助長すべきではない。報道には金銭に還元できない公共的な価値があるのだ。

再反論

国民を欺いた大統領と「疑惑」の民間人とを同列にできない。国民に対するニクソンの「謝罪」は単独会見だったが、今回は共同会見だ。それに参加するというのは、わが業界に蔓延している「特オチ恐怖症」の典型的な現れでしかない。ニュースネットに加盟する全国の地方局は取材してほしがるかもしれないが、そんな横並び体質はキー局が率先して変えてくべきだ。

思考実験では、メディアスクラムなど報道被害の問題にも触れたが、今回は「小切手ジャーナリズム」と呼ばれる問題を軸に検討したい。小切手ジャーナリズムとは、取材者が情報源に金銭を支払って取材することをいい、多くの主流メディアで「恥ずべき行為」と蔑まれている。

なぜだろう。パン屋の例と比べてみよう。

パン屋が10個のパンを作り、生徒が10人いる教室へ行商にいった。10人が1個ずつ買えば全員にいきわたるが、行列の先頭に立った1人が10個買ってしまったら9人の生徒はパンを買えない。パンは金を払った人にしかいきわたらない商品だから当然だ。

3　実際の事例と考察

●――ニュースは公共財

ニュースの場合はどうか。報道機関もニュースのネタを必要としている。記者たちは取材し、ニュースをつくる。ニュースは多くの場合、公共の利害にかかわる内容が含まれ、無料またはきわめて安価な値段で社会全体にいきわたる。経済学で「同時供給」「同時消費」「非排除性」という3条件がそろうものを純粋公共財と呼ぶ。ニュースはそれに準ずるといってよい。

具体例を示そう。政治経験も軍隊経験もないアメリカの実業家ドナルド・トランプが第45代アメリカ大統領になるという国際ニュースを、わたしたちは日本にいながら、ほぼリアルタイムで、しかもほぼ無料で知ったのは、ジャーナリストたちが「知る権利」を行使して取材したからだ。

ニュースの素となる情報が、情報源とジャーナリストとのあいだで売買されるようになれば、情報源の側には高く売りたいという欲が出るのは避けられない。オークションのように値段がつり上げられれば、ジャーナリストはじぶんが買った情報を信じる傾向が強まる。単純に考えれば、仕入れ値が高額になれば、商品の値段も高くなる。「公共財」の議論はどこかへ吹き飛び、市場原理が幅を利かせるようになる。

金銭授受の場面は視聴者・読者には隠される。札ビラで情報源の発言を操作しようとするジャーナリストや、ジャーナリストを騙して金を稼ごうとする人が跋扈すれば、ニュースの価値や判断基準が歪められてしまう危険性がある。アメリカのジャーナリズム専門誌の編集者ライアン・チッタムは、小切手ジャーナリズムを「滑りやすい坂（Slippery Slope）」と断じる。[1] ひとたび滑り落ちると、二度ともといた場所に戻れなくなるという意味だ。

●――市場原理が奏功した珍事

ただ、小切手ジャーナリズムが、はからずも市民社会に利益をもたらした例は皆無ではない。デービッド・フロストがリチャード・ニクソンの独占インタビューをおこない、ウォーターゲート事件に関する「謝罪」を引き出した例は、映画化されたほど有名だ。[2] イギリスの新聞『サンデー・タイムズ』がサリドマイド薬害キャンペーン報道をした際、薬学者から情報を買っていたことも、欧米のジャーナリストたちのあいだで比較的知られている。

ポイントは、市民社会の利益に寄与すべしという報道の目的を、ジャーナリストが見失わずにいられるかどうかだ。

ところで、小切手ジャーナリズムに隣接する厄介な問題として有料記者会見がある。「超」がつく有名人や公人を取材するのは容易ではない。大富豪、五輪級のアスリート、映画スター、大物政治家がメディアを選別したり、取材代金を求めたりするケースはある。そんなとき、「記者会見はだれのものか」「公共性があるか」という原点に立ち返って、参加の是否を考えるべきだろう。

■思考の道具箱■小切手ジャーナリズム
チェックブック・ジャーナリズムや札束報道主義ともいう。シェフィールド大学のマーク・ハンナによれば、特ダネ情報や話題の人物に対する独占インタビューに対価を支払う習慣は、近代ジャーナリズムがはじまったころにさかのぼる。今日、高級紙や主流メディアでは避けられる一方、タブロイド紙や大衆紙でおこなわれている。一般に、ニュース価値は「時宜性」「衝撃性」「近接性」「著名性」「対立や抗争」などが基準とされているが、小切手ジャーナリズムが多くのメディアで常態化すれば、「仕入れ価格」という項目が追記されることになるだろう。

●——背景に報道の過熱化

フロストの成功を、政治ジャーナリズムの観点から「金字塔を打ち立てた」と評価する向きもある。[3] だが彼の目的は、じぶんを売り出すことであり、アメリカ国民に対する元大統領の「謝罪」を引き出すことは、その手段。アメリカでは無名のフロストが、元大統領という超大物と闘うドラマをつくった。

イギリスで、兵士がメディアの取材に報酬を要求することが禁じられた例がある。２００７年、イラン当局に身柄を拘束されていた兵士たちが解放された後、テレビや大衆紙の取材に応じる見返りとして、多額の報酬を得ていたことが報じられた。批判を受けた国防省は兵士に報酬を受け取ることを禁じた。[4] 兵士が体験談を売った例はオーストラリアでもたびたび批判されてきた。[5]

アメリカでは、１９９０年代、プロ・フットボールの元スター選手Ｏ・Ｊ・シンプソン事件が過熱し、関係者に高額の謝礼を払ってコメントをとる異常な取材競争が横行した。現役大統領ビル・クリントンとの不倫スキャンダルの渦中にあったホワイトハウス実習生モニカ・ルインスキーについてもタブロイド紙などが同種の手法で過熱報道を繰り返した。

日本では１９９０年代、オウム真理教幹部の村井秀夫刺殺事件について、ＴＢＳ報道局のスタッフが暴力団関係者に数十万円を支払って取材していたことが批判されたほか、講談社が麻原彰晃被告の元私選弁護人横山昭二に約350万円を支払って「供述調書」を購入していたことなどが明るみに出た。注目の事件や人物は、メディアを暴走させるスターターとなる。

●——有料会見で荒稼ぎした死刑囚

「小切手ジャーナリズム」はイギリスの研究者が編んだ『ジャーナリズム用語事典』で解説がなされているが、日本でつくられた『現代ジャーナリズム事典』『現代ジャーナリズム』には項目がない。日本で問題視されてきたのは、有料記者会見のほうだ。

埼玉県本庄市の金融業者がじぶんの経営する飲食店で「有料記者会見」を開き、2000万円を荒稼ぎした（本庄保険金殺人事件）。毎日新聞浦和支局で取材にあたった犬飼直幸によると、保険金殺人の疑惑がもたれていた八木茂は、取材に訪れた新聞・テレビ・雑誌の記者たちから1回あたり3000〜6000円を徴収し、1999年12月から逮捕されるまでの約8か月間、200回あまり会見した。犬飼も約30回参加した[6]。

「殺人疑惑の中心人物に資金を提供するような愚も避けたかった。しかし、いざ逮捕となったとき、どうするか。ここまで騒がれ、公になった疑惑の中心人物。（中略）悩む一方で、会見に出ないと重要な情報を聞き漏らすのでは、という不安があったのも事実だ。（中略）再び同じような場面に出くわしたとき、『私は出ない。応じない』と言い切れるか。記者として『やはり出ざるを得ない』と思っている」

有料会見に記者を派遣していた朝日新聞東京本社の松本正社会部長（当時）は、金銭を支払ったことは「好ましいことではない」と前置きしたうえで、「当事者側が取材場所など条件を限定したため、やむなく応じることになった。

（中略）例外中の例外と考えている」と弁明した[7]。

結果的に八木の死刑判決は確定したが、有料記者会見を開いていたときは、ただの「怪しい人」で、「例外中の例外」とするだけの公益性や公共性はあったどうかについては、批判もあった。

●――〝取材代〟を要求した日本維新の会

政党に対する取材活動が事実上「有料」とされた例もある。2013年8月、当時の大阪市長で日本維新の会共同代表だった橋下徹が、大阪市内で開催する政治資金パーティーの取材を認める条件として、記者にパーティー券（1枚1万5000円）購入を要求した。読売新聞社の取材によれば、主要メディアは軒並み「政治資金の提供にあたる」としてパーティー券を買わず取材もしなかった[8]。

「小切手ジャーナリズム」の延長上の問題として考えておくべきは、国際スポーツイベントの放送権料をめぐって、「ジャーナリズム」を掲げる各国の巨大メディアが入札競争に参加し[9]、ときに公式スポンサーとして運営の一翼を担っていることである。そこに「報道倫理」が介入する余地は乏しい。

■思考の道具箱■記者会見

公的機関や企業、要人・著名人などが、一定の場所に複数のジャーナリストを集めて発表したり質疑に応じたりすること。一般的に記者会見は発表者の側が主催するものと解されるが、日本では記者クラブが主催者になることも多い。記者クラブは、外国のジャーナリストやフリーランスのジャーナリストから批判されているが、日本新聞協会は記者クラブが主体的に記者会見を開催することを称揚している。

[注]

[1] Ryan Chittum (2012) 'Checkbook Journalism's Slippery Slope', *Columbia Journalism Review Home Page* (Retrieved November 12, 2016, http://www.cjr.org/the_audit/check

book_journalisms_slippery.php)

[2] ロン・ハワード監督『フロスト×ニクソン（*Frost / Nixon*）』２００８年公開のアメリカ映画。原作ピーター・モーガン

[3] 小林恭子「英司会者のフロスト氏死去（上）どんな人物だったのか」２０１３年９月３日『小林恭子の英国メディア・ウオッチ』(http://ukmedia.exblog.jp/20693901/ ２０１６年11月19日取得)

[4] BBC "UK captive 'felt like a traitor'" 9 April 2007, BBC News (http://news.bbc.co.uk/2/hi/uk_news/6538075.stm ２０１６年11月19日取得)

[5] The Age "Chequebook hostage", June 21, 2005, theage.com.au (http://www.theage.com.au/news/iraq/chequebook-hostage/2005/06/21/1119250935551.html ２０１６年11月19日取得)

[6] 毎日新聞「[記者の目] 埼玉・保険金殺人疑惑『有料会見』」２０００年４月28日朝刊

[7] 朝日新聞「『夕食前に』風邪薬７０００錠　本庄の金融業者ら逮捕」２０００年３月25日朝刊

[8] 読売新聞「報道10社券購入せず　橋下氏非公開パーティ『政治資金提供になる』」２０１３年８月31日朝刊

[9] 朝日新聞「五輪放送権料、天井知らず　米向け、６大会７８０億円でＮＢＣ獲得　契約額の相場に」２０１４年５月９日朝刊、「五輪放送権１１００億円　東京など４大会分　ＮＨＫ・民放連が獲得」２０１４年６月20日朝刊

[参考文献]

Hanna, Mark (2005) 'Chequebook Journalism', *Key Concepts in Journalism Studies*, London; Thousand Oaks: Sage Publications.（奥田祥子訳「小切手ジャーナリズム」『ジャーナリズム用語事典』門奈直樹監訳、国書刊行会、２００９年）

Kronenwetter, Michael (1988) *Journalism Ethics*, New York: Franklin Watts.（渡辺武達訳『ジャーナリズムの倫理』新紀元社、１９９３年）

CASE：012
取材謝礼を要求されたら

1　思考実験

わたしが手がけている新聞連載のタイトルは「尊厳を奪う社会」。ちょっとした不幸で人生が暗転し、やり直しがきかなくなる。そんな社会病理を、当事者の視点から当事者の声で描くのが狙いだ。

取材に応じてくれたその男性は、ちょっとくたびれたスーツ姿で待ち合わせの喫茶店に来てくれた。

「先月から、ティッシュ配りとポスティングの仕事で暮らしています」

男性は、地元の大学を卒業後、メーカーの子会社で中間管理職をしていたが、会社の業績悪化に伴いリストラの対象となった。じぶんが退職を促されたことにショックを受けた。労働組合に相談したところ、パワーハラスメントがはじまった。居心地のいい会社だと思っていた勤務先は、知らない間に「ブラック企業」になっていた。男性は自主退職に追い込まれた。

「会社への恨みは正直あります。でも、いまでは、人を大切にしない社会の風潮にメスを入れないといけないと思っています。だから、いい記事を書いてくれることを期待しています」

その口調は抑制的で、内容もどこか知的に感じられた。

インタビューは順調だった。深刻な内容にもかかわらず、ときに笑顔を浮かべて話してくれた。わたしたちはコーヒーをおかわりし、取材は三時間に及んでいた。さすがに、彼の時間を奪いすぎていると思った。

わたしは一礼して「記事なったら、新聞を郵送します」と言った。

「あの……ボツという可能性はあるんですか」

「ええ、まぁ可能性としては、あります」わたしは取材に協力してくれている人はほかにもいると告げると、男性の表情が変わった。

「……このインタビューがボツだとしたら、報われませんね。この三時間は、わたしにとって骨折り損になります」

「えっ」わたしは首を横にも縦にも振りかねた。

「三時間あればティッシュも配れたし、ポスティングもできました。それを犠牲にする価値があると信じたから、取材に協力したんです」

「あぁ……取材謝礼のことでしたら……」

「馬鹿にしないでいただきたい。金をせびってるんじゃない」彼はまっすぐわたしを見つめる。「マスコミが芸能人や著名人にはギャラを払っていることくらい知っています。でも、わたしのような者には時間的な犠牲を強いて、ボツかも知れない、なんて平然と言う。それに異議を唱えたら、次は、謝礼が欲しいのかと、と言う。たしかに、ぼくの生活は困窮していますが、いまのあなたの言い方は、あまりにも無神経だ」

気まずい沈黙が流れる。わたしはどうすべきなのか。そもそも、どうすべきだったのだろう。

[A] 謝礼を払う立場

取材に協力してくれた人に謝礼を払うのは当然だ。インタビューは相手の時間を奪う行為で、聞いた話がボツになることもある。取材協力者にだけ負担とリスクを強いるのは不公正で傲慢な行為だ。

[B] 謝礼を払わない立場

取材謝礼の類いは原則的に支払うべきではない。犠牲を払う価値があると思って取材に協力してくれた人には心からの感謝を示し、ボツにならないよう原稿を書くことを誓えば、それでいい。

2 異論対論 [B] 謝礼を払わない立場

取材は取引ではない。アルバイト代を補塡する程度の謝礼という考え方も失礼だ。そんな考えに立てば、金持ちを取材するときは高額の謝礼を支払わなければならなくなる。取材に金銭が介在するのは、きわめて例外的な場合に限られる。取材した内容がボツになるのも珍しくないと相手に丁寧に説明し、時間を割いてくれたことに誠心誠意、感謝の言葉を伝えるべきだ。

反論

今回のような取材こそが、謝礼を支払ってはならない典型的な事例だ。わたしは男性の話の裏を取っているわけではない。男性がわたしに嘘をついている可能性もゼロではない。ジャーナリストは一時の感情に流されてはならない。わたしたちが奉仕すべきは情報源ではなく市民社会である。取材相手から誤解されたり、訴えられたりすることを恐れてはいけない。

再反論

「文化」というのはマジックワードで、カースト制度やナチズムを「文化」として尊ぶ人がいるし、小切手ジャーナリズムだって文化だと強弁できる。相手の困窮ぶりが尋常ではないなら、取材とは別に公的な援助を受けるよう勧めるなど、やりようはいくらでもある。どのような屁理屈を並べても、金を渡してしまえば、彼は報酬を受けたと理解する。支払ってはならない。

2 異論対論 ［A］謝礼を払う立場

誤解を恐れずにいえば、取材は取引のようなものだ。取材者には知りたいことや聴きたいことがあり、相手には社会に伝えたいことがある。ウィン-ウィンの関係にあるのが理想。だが、相手は生活に困窮しているのだから、アルバイト代を補塡するくらいの取材謝礼を支払うべきだ。そうすれば、たとえインタビューがボツになったとしても、納得してもらえるはずだ。

反論

取材に金銭が介在する例外的な場合とは、今回のような取材だ。今回は、生活に困窮している人に負担を強いている。それ相応のお礼をするのは、市民感覚として当然のことではないか。食べるのに困っていない人が、メディアから多額の取材謝礼を受け取っているとすれば、そのことが問題なのだ。札ビラ切って取材しているメディアこそ恥を知るべきなのだ。

再反論

相手の男性は「こちらがバイトを休んでまで取材に協力したのに、記者はそのことを何とも思っていない」と憤っているのだ。たしかに、われわれの間には圧倒的な格差があり、わたしはそのことに鈍感すぎた。彼はすでに多大な犠牲を払った。次はわたしが感謝の気持ちを示す番。バイト代の補塡という経済行為ではなく、謝礼という文化的な行為が必要だ。

金銭にモノをいわせて取材する「小切手ジャーナリズム」に手を出すかどうか悩んだ記者は少ないだろう。しかし、こちらの無理を聞き入れて丁寧にインタビューに応じてくれた相手に、それ相応の謝礼をすべきだと思ったことがある記者は少なくないはずだ。

謝礼は取材者にとって身近な問題。なのに、明文化されたガイドラインはほとんど見当たらない。取材という行為が多種多様で、一律にルール化するのは不可能に近いからだろう。

3　実際の事例と考察

●――取材協力者の負担に差

たとえば、簡単な街頭インタビューに協力してくれた人と、数日にわたって危険な取材に付き合ってくれた人とでは、負担の大きさがまったく違う。なにかを犠牲にして取材に応じる人もいれば、メディアに露出して利益を得たいと考える人もいる。新聞や雑誌のように記者が出向くのと違って、テレビでは収録のためにスタジオに来てもらうこともあり負担は大きくなる。

そもそも、謝礼とは感謝の気持ちを言葉や金品で表すものだ。「お世話になりました」「無理を聞いていただきました」「ご助力くださいました」「ご親切を嬉しく思いました」……。そんな言葉とともに、カタチあるものを届ける。それは自然な感情の発露だろう。礼節をわきまえない取材者は、社会規範からの逸脱を指摘される。謝礼とは取引の対価ではなく、コミュニケーションや慣習の一環といえるかもしれない。

だが、「金品」の受け渡しは疑念を伴う。場合によっては犯罪に発展する場合もある。たとえば、特別の配慮をしてもらおうと金品を公務員に渡せば賄賂とみなされる。入院患者が感謝の気持ちを込めて医療者に金品を手渡すことが常態化した病院では、医療者の金銭感覚は麻痺する。教科書を発行する出版社が公立小中学校の教員らに検定中の教科書を見せて謝礼を渡していた事例は、「不透明」で「不適切」と厳しい批判にさらされた。[1][2]

●——感謝の気持ちか、報酬か

ジャーナリストが取材相手から金品を受け取るべきでないのは当然だが、逆に、ジャーナリスト側が取材相手に謝礼をしたくなるときはどうすべきだろう。

大手メディアの報道部門ではたいていガイドラインや内規を設けているが、謝礼をめぐるトラブルは数え上げればきりがない。ジャーナリストたちのルールを取材相手に押しつけるのも傲慢だ。謝礼が人間関係を豊かにすると考える人もいれば、金品を侮辱と考える人もいる。相手の考え方も尊重されなければならない。

謝礼を支払う行為が、読者・視聴者に納得してもらえるものかどうか。「謝礼」ではなく「報酬」や「情報料」「出演料」と勘違いされないためにどうするか。最前線の取材記者は、そのつど考えていかなければならない難しい問題だ。

●——ヨット世界一周の冒険家の事例

若い冒険家をめぐる取材で、報道各社の判断が分かれた例がある。

１９９２年８月４日付『朝日新聞』の特集記事によると、ヨットで単独世界一周に成功した鹿児島市の今給黎（いまきいれ）教子（当時27歳）には冠スポンサーもなく、冒険のため大きな借金を抱えていた。今給黎は当初、航海状況や無線交信の内容を報道各社に無償で提供していたが、鹿児島への帰港前、「インタビューをもとに航海記を書くには10時間１００万円、航海中の写真は１カット２万５０００円を基準として４枚１組10万円」という料金を報道各社に示した。

■思考の道具箱■「ギャラ」

取材謝礼をめぐる議論で、「報酬」「情報料」「出演料」「ギャラ」などがたびたび混同して用いられる。「報酬」「情報料」は取材者と情報源の取引内容を示す概念で、小切手ジャーナリズムの文脈で使われる。「出演料」「ギャラ」はどちらかといえば、ラジオやテレビなどの出演者に支払われる報酬の概念で、いわば労働の対価。被災地などでは、報道記者の立ち振る舞いに怒りを覚えた人が「話を聞きたいならギャラ払え」と詰め寄る場面もあったと伝えられる。あらゆる取材で記者が「ギャラ」を求められるようになれば、市場の論理が幅を利かせ、資金力にまさるメディアしか存続できなくなるだろう。

『朝日』の記事は、「最初にカネありきという感じ」「戸惑いや怒りもあった」という批判も紹介しつつ、理解を示す声も両論併記で載せた。

今給黎の立場に理解を示したコメントとしては、「抵抗感があるが、向こうの立場を考えると仕方ない」（毎日新聞鹿児島支局長）、「無料に越したことはないが、相手の立場もわかる」（NHK鹿児島放送局ニュース副部長）、「彼女の財政状態を考えると、すべて無料というわけにはいかない」（南日本新聞社会部長）などがあった[3]。

●——プロ野球選手やレスリング王者への謝礼

このほか、テレビ局がプロ野球選手に取材謝礼を長年にわたり支払いつづけていた事実も、1994年5月10日付『朝日新聞』の報道で明らかにされた。記事によれば、テレビ各局は「試合後、帰ろうとする監督や選手を引き留める形」でコメントを求める際、「監督やコーチには2万円、（中略）有名選手には5万円」を渡しており、謝礼金だけで生活費が足りていた選手もいたという[4]。

近年は、著名人の側が「取材謝礼」を要求する姿勢がメディア側から批判される傾向にある。『週刊新潮』のウェブサイトによれば、レスリング選手の吉田沙保里がマネジメント契約した会社が、個別の取材に3万円を要求した。

このサイトで「バラエティ番組ならともかく、スポーツ報道にギャラが発生するなんてあり得ません」というスポーツ紙の記者のコメントが記されている。[5]

著名人ではない例はどうか。テレビ東京は2002年、窃盗団に現金35万円を払って、犯行のもようを撮影し、「スクープ　犯行・逮捕の一部始終」と報じた。この問題について『毎日新聞』が報道各社にアンケートを実施したところ、謝礼金の支払いには総じて否定的だった。「情報提供者が記者に迎合して、内容をゆがめる可能性がある」（朝日新聞）、「取材を受けたら金が支払われるのが当然という風潮を生み、報道機関の自殺行為となりかねない」（時事通信）などが代表的な見解だ。一方、「常識の範囲内の額の図書券などを贈ることはある」（産経新聞）、「バスタオル、Ｔシャツなどを手渡すことはある」（ニッポン放送）と、現金以外であれば謝礼はありうるという意見もあった。[6]

●——謝礼せずともよい作品が作れる例

取材謝礼を支払っていないことを明言し、評価を高めた例もある。愛知県の東海テレビが2015年3月に放送した「ヤクザと憲法」では相手に謝礼を払っておらず、収録映像も事前に見せなかった。[7] オウム真理教幹部刺殺事件の取材で、日本テレビとＴＢＳが暴力団関係者に85〜90万円の謝礼を支払い、[8] 2009年には日本テレビが「謝礼ほしさに虚偽証言をした」という人物に騙されるなど、キー局の不祥事が相次いだだけに、東海テレビの健闘は注目を集めた。

このほか国際調査報道ジャーナリスト連合ＩＣＩＪ（The International Consortium of Investigative Journalists）が全容解明に取り組む「パナマ文書」も、その端緒は、南ドイツ新聞に舞い込んだ一通のメールだった。この新聞社では「情報提供者に謝礼を渡さないという原則」があり、データの提供者も金銭要求はしておらず、「犯罪行為を明らかにしたい」と説明したという。[9]

[注]

[1]「高等学校用教科書の採択の公正性・透明性に疑念を生じさせる不適切な行為に関する調査結果等及び「教科書発行者行動規範」の制定について（通知）」文部科学省ホームページ２０１６年９月９日（http://www.mext.go.jp/b_menu/hakusho/nc/1377193.htm ２０１６年12月7日取得）

[2]『教科書発行者行動規範』の遵守の徹底について（要請）」文部科学省ホームページ２０１６年９月９日（http://www.mext.go.jp/b_menu/hakusho/nc/1377195.htm ２０１６年12月７日取得）

[3] 朝日新聞「『有料取材』に波紋／世界一周単独航海の今給黎教子さん」１９９２年8月4日朝刊

[4] 朝日新聞「『謝礼金やめます』テレビ局／プロ野球取材に変化の兆し」１９９４年5月10日朝刊

[5] デイリー新潮「吉田沙保里、〝取材するなら3万円〟で記者から不評」２０１６年７月30日（http://www.dailyshincho.jp/article/2016/07300553/?all=1 ２０１６年11月18日取得）

[6] 毎日新聞「テレビ東京窃盗団報道問題　警視庁常駐15社アンケート」２００２年7月20日

[7] 本作は２０１６年に同名で映画化された。監督・土方宏史、製作・阿武野勝彦。公式サイトは http://www.893-kenpou.com/

[8] 毎日新聞「オウム真理教幹部刺殺事件で暴力団関係者に謝礼／日本テレビ90万、ＴＢＳ85万円」１９９６年4月14日

[9] 毎日新聞「パナマ文書：調査報道の力示す　入手の独紙記者に聞く」２０１６年5月9日

[参考文献]

The International Consortium of Investigative Journalists – ICIJ official homepage (https://www.icij.org/)

第４章
ルールブックの限界と課題

CASE：013
ジャーナリストに社会運動ができるか

1　思考実験

先日オープンしたばかりの洒落たカフェは、二十〜三十代の女性が十人も入ると、貸し切り状態になった。

「地元新聞記者と昼下がりの語らい〜コーヒーとケーキは無料」——そんな触れ込みで、地元の顔役にお願いし、子育て中のママたちに集まってもらった。支払いはわたしのポケットマネーからだ。

ティラミス、モンブラン、シフォンケーキ……。だれかがメニューを読み上げ、各自思いおもいに注文した。ケーキが運ばれると、テンションがあがった。ベビーカーを押して最後にやってきた女性が席についたのを確認し、わたしは開会を宣言した。

「きょうは、この町の問題を、お母さんたちと共有したいと思います。何度も記事を書いてきましたが、県立病院の小児科は風前のともしびです」わたしは医療記事のコピーを配りながら話しつづけた。「医師不足は深刻です。県立病院では常勤の小児科医がひとりになりました。彼が辞めたら、何十キロも離れた県庁近くの総合病院しかありません。小児科の開業医もいますが、診察時間は限られていますし」

「それじゃ困るんです」「どうにかしてよ」抗議するような口調に続いて、ほかの参加者からも不満が噴出した。「この町だけ小児科がなくなるのは不公平」「子育て支援を公約にしていた政治家はみな嘘つき」

安心して子育てしたい。親ならだれしもそう願う。小児科医が足りないという記事を読めば困惑もするし、怒りもわくのだろう。しかし、医療現場を取材すると、患者の側にも問題がある。人手が足りないところへ、コンビニのように病院に子供を連れてくる。子を愛するがゆえの行為は、医師の休日を、睡眠時間を、家庭生活を奪っていた。希望を胸に地域医療に取り組んでいた医師たちは燃え尽き、疲れ、去っていく。ウルトラCのような解決策はない。だから、まず問題意識を共有したかった。

わたしは椅子から立ち上がり、全員を見回し、ゆっくりと話した。

「さっき小児科の先生に会ってきました。きのう日勤でしたが、そのまま宿直に入り、けさ三時間ほど仮眠したあと、また午後もシフトに入り、今夜も宿直です。ひとりで小児科を支えている先生へのメッセージがあれば、承ります」

軽いざわめきのあと、みな押し黙ってしまった。店の柱時計の音がみょうに大きく聞こえる。お開きにしようか。そう思う一方、ある考えが浮かぶ。親たちから声が出ないのなら、いっそ、わたしが地域医療を守る住民運動を提案してみようか。

「みんなで力を合わせて、小児科を守るグループを作るんです。医師を増やすよう署名を集める。コンビニ受診を控える啓発パンフを町中に配る。病院の先生に感謝の手紙を書く。できることからはじめるんです。わたしと一緒にやりましょう！」そんなセリフが喉元まで出かかった。

記者がこんな提案をするのは許されるだろうか。

[A] 提案しない立場

ジャーナリストの仕事は、事実を伝えるところまで。取材対象に働きかけてはいけない。その一線を越えれば「報道」ではなく「扇動」になりかねない。いやしくも報道に携わる者がやってはいけない行為だ。

[B] 提案する立場

情報を伝えるだけでジャーナリストの使命は終わらない。戦争、貧困、差別、暴力……。先達たちは情報を伝えるだけでなく、解決のために尽力してきた。地域医療の崩壊を防ぐために住民運動を提起しよう。

2 異論対論［B］提案する立場

地元地域が大きな困難に直面しているのなら、ジャーナリストが社会運動を起こしてキャンペーン報道をするべきだ。声なき声に耳を傾け、困っている人に寄り添い、市民と一緒に問題を掘り起こすのが地域ジャーナリズムの理想だ。迫りくる危険を知っていながら、なにもしないでいる。そんな行為こそ卑怯で無責任ではないか。

反論

たとえば、数時間後に大津波がこの町を襲うだろうという情報を知った記者は、見晴らしのよい丘の上からカメラを構え、町が壊滅するようすを客観的に撮影できるだろうか。医療崩壊は津波とは違って、専門家や関係者でなければ深刻さがわかりづらい。地元のジャーナリストとして地域の被害を未然に防ぐため、あらゆる手段を講じる必要がある。社会運動を起こすべきだ。

再反論

地元の議員や自治体職員も、この問題を知っているはずだ。ただ、県内にはほかにもさまざまな問題があり、小児科問題の優先順位がどうも低くみられている。過去の例を振り返れば、この地域の行政や政治は、犠牲が出てはじめて対策に乗り出してきた。地域メディアのジャーナリストがそれと同じ目線でいてはいけない。

2 異論対論 ［A］提案しない立場

専門知識をもつジャーナリストが講演をしたり、シンポジウムなどで自説を述べたりすることはよくある。今回の座談会もその延長線上にある。記者と地元民が地域医療の危機について話し合う。そこまでならなんの問題もない。だが、記者が音頭をとって社会運動を起こすのは危険きわまりない行為だ。地元紙記者には強い権力性が伴うことを思い出そう。

反論

キャンペーン報道をするには入念な準備が必要だ。一介の記者が思いつきではじめるものではない。そもそも住民側からなんのアクションもなかったのに、記者の側がケーキを無料で振る舞って読者を集めるという行為は、記者の仕事だろうか。記者が座談会を開催して、住民運動を呼びかけ、その記事を書いたら、それは客観的な報道ではなくニュースの捏造になる。

再反論

こういう難問に取り組む主役は、地元の行政機関や議会だ。記者が先導して地元の母親たちを焚きつけて運動してなんになる。運動を起こすにしても、その分野に詳しい専門家や既存の運動団体の力も借りなければならないだろう。この問題は、この町だけで解決できない。もっと視野を広げて見つめなおすべきだ。

3　実際の事例と考察

この思考実験で問われていたのは、報道と市民活動との微妙な距離感だった。

報道記者にも市民的な活動に参加する権利がある。地元の草野球チームで監督を務めたり、河川敷の清掃ボランティアに参加したり、町内会報の編集長を任されたり。そんな活動ならなんの問題もない。

しかし、政治的な目的を掲げる団体の一員としてデモ行進したり、ソーシャルメディアで特定の政治家への支援を表明したりすれば、どうだろう。

２０１１年以降は大規模な反原発デモがおこなわれ、２０１５年には安保法制や憲法改正に「ノー」を突きつける集会が幾度も開かれた。醜悪なヘイトスピーチや、それに抗議するデモもあった。ひとりの市民として政治的な活動に参加したり、ネットで意見表明をしたりしたいと思う記者や編集者がいたとしても不思議ではない。だが、ニュース取材にかかわる記者で、公然と政治デモに参加し、マイクを手に演説している人はほとんどいないのではないか。

●――あらゆる団体から距離を取る主流メディアの規範

戦後日本のジャーナリズム関係者が「お手本」としてきたアメリカ新聞界では、記者はあらゆる結社や団体から距離をとるべきだとする考え方が根強い。ひとつの典型はワシントン・ポスト社元編集主幹レナード・ダウニーだ。彼は現役の政治記者時代、じぶんの記事が偏向しないよう投票を棄権していた。[1] いくらなんでもそれはやりすぎだろうが、ＣＮＮではイスラム教シーア派組織ヒズボラの指導者が死去した際、中東担当のベテラン記者が「尊敬していた」とツイッターでつぶやき、職場を追われた。イスラエル支持者から「バイアス（偏向）の証拠だ」と抗議の声があがったためだ。[2][3]

偏向を疑われないように振る舞うべきという意識は、日本の主流メディアにも強い。朝日新聞記者行動基準は「独立性や中立性に疑問を持たれるような行動」や「報道の公正さに疑念を持たれる恐れ」を避けるよう命じている[4]。朝日新聞社に限らず、日本の代表的な新聞社ならどこでも、特定の立場を擁護したり、世論を誘導したりしていると疑われないよう記者たちを戒めている。

●――地域改善は地元メディアの使命

さて、思考実験にある「小児科を守るグループを作ろう」という提案は、地域住民が主体的に問題を解決する「まちづくり」に通じる。特定の政党を支援したり、排撃したりするものではない。ただ、記者が取材対象に働きかけ、運動の先頭に立ったりすれば、痛くもない腹を探られる危険性がある。

だが、ジャーナリストの危機感や問題意識が起点となって展開されたキャンペーン報道は数多い。全国紙のものもあるが、数でいえば地方紙が圧倒している[5]。信濃毎日新聞社元副社長の猪俣征一が「地域＝現場に立脚してこそ、国や世界の真実が見えやすい」と述べているが[6]、日本新聞協会が90年代以降に表彰したキャンペーンの8割以上が地方紙の報道であった。

思考実験の主人公が格闘している地域医療の危機は、少子高齢化やシャッター商店街、農家の後継者不足などとともに、全国共通の課題である。「課題先進地」のジャーナリストたちは、東京や大阪など大都市圏のジャーナリストの視界には入らない課題に取り組んでおり、地域の問題解決は地元メディアの使命といってよい。

> **■思考の道具箱■キャンペーン報道**
> 特定の社会問題についてメディアを挙げて集中的に取り上げる報道のことをいう。1990年代のアメリカで多数の地方紙が取り組んだパブリック・ジャーナリズムもカンザス州の地方紙が取り組んだ投票率向上キャンペーン報道が最初の事例だった。「偏向」「誘導」との批判を避けるため、キャンペーンを実施していることを示すとともに、事実に基づいて報道することが前提とされる。

●――パブリック・ジャーナリズムをめぐる論争

ところで、アメリカの新聞界でも、地域の問題を改善することを目指したキャンペーン報道が１９９０年代に数多くみられた。河北新報記者の寺島英弥によれば、地元住民を招いて読書会を催した例や、キッチンカーのピザ店を繰り出して学校帰りの高校生から本音を引き出した例など、方法はさまざまだ。共通しているのは、地域メディアの記者たちによって試みられていること。これらキャンペーン報道は、シビック・ジャーナリズム、あるいはパブリック・ジャーナリズムと呼ばれる[7]。

これに対し、「高級紙」とされる『ニューヨーク・タイムズ』や『ワシントン・ポスト』は懐疑的で[8]、先述のダウニーなどはパブリック・ジャーナリズムを「完璧に間違っている」と断じている。その考え方の根幹にあるのは、ジャーナリストは出来事の観察者に踏みとどまるべきで、当事者になればニュースが恣意的になり客観性が保てないという信念だ。世論誘導はもってのほかで、主権者＝国民が正しい判断をするために必要なのは、客観的な事実報道だけでよい。いわばアダム・スミスが「神の見えざる手」という言葉で論じた自動調整機能にも似た考えが彼らの思想を貫いている。

●――パブリック・ライフの再興

こうした考え方には批判も多い。パブリック・ジャーナリズムを理論面で支えたニューヨーク大学のジェイ・ローゼンは、人々が地域活動に参加してパブリック・ライフ（公共的な暮らし）をよくしていくよう手助けするのもジャーナリストの仕事だと反駁した。[9][10]ローゼンが手がかりにしたのは教育哲学者ジョン・デューイの思想だ。デューイは20世紀初頭に、デモクラシー再生のためには人々が報道を通して問題を語り合うことが重要であり、報道媒体だけでは足りないと論じている。[11]

ジャーナリズムの営みは、もとはといえば自由主義やデモクラシーを推し進める社会運動であり、ジャーナリストは社会を変革していく政治的な主体だった。だが時を経るにしたがい、マスメディアが巨大化して影響力を強め、ジャーナリストたちは公平・公正・中立・客観・不偏不党などの制約のもとでニュースを送り出す被雇用者に矮小化された経緯がある。現在の主流メディアが掲げる客観主義のルールは絶対的なものではない。

●――母親たちが小児科を守る運動

栗や小豆の産地として知られる兵庫県丹波市は、10年ほど前、医療崩壊の危機に瀕していた。子供が入院できる唯一の総合病院で、小児科の医師が次々と職場を去っていたのである。理由は、慢性的な人手不足と過酷な勤務だった。これに危機感を覚えた地域の母親たちが２００７年４月、「県立柏原(かいばら)病院の小児科を守る会」を作り、活動をはじめた。

「守る会」が最初に取り組んだのは署名集めである。医師の増員を求めて5万筆超を県に提出したが、願いは聞き入れられなかった。発憤した母親たちは、自分たちの力で医師たちが働きやすい環境を整えようと、地元での啓発活動に組んだ。

掲げたスローガンは、①コンビニ受診を控えよう、②かかりつけ医をもとう、③お医者さんに感謝の気持ちを伝え

■思考の道具箱■アドボカシー

NPO・NGO、ボランティア活動の分野では、「権利擁護」や「政策提言」の意味で用いられている。具体的には、問題を抱える当事者が権利を知り、権利を使い、解決に取り組むとともに制度改革や政策転換をうながす概念である。ジャーナリズム論の文脈にあてはめれば、アドボカシーとは、こんにちの「客観的」なニュース報道が確立する前からあった、主義主張を展開するタイプの手法と解される。

よう。子供がいる家庭向けに、救急で受診する前に自宅でチェックできる項目をまとめた冊子を作り、病院の医師たちに感謝の気持ちを伝える手紙を書き、自分たちで勉強会を開いた。

そんな地道な活動が、全国の医療関係者のあいだで評判になった。会結成翌年の２００８年７月には、当時厚生労働大臣だった舛添要一が視察に訪れ、丹波の母たちを絶賛した。代表者である丹生裕子はシンポジウムや研究会、講演会に引っ張りだことなり、２００９年12月にはテレビ東京の番組でドラマ化された。２０１２年には野田佳彦が総理大臣として丹波を訪れている。

●——丹波新聞記者の功労

ここで注意しておきたいのは、「守る会」結成の前日、兵庫県丹波・篠山両市の地元紙『丹波新聞』の記者が子育て中の母親たちを集めて座談会を開いていたことだ。記者の足立智和は、それまで幾度も医師不足について警鐘を鳴らす記事を書いていたが、地元読者からの反応がなかなか感じられなかった。そこで地元の母親たちと話し合いたいと考えた。

足立は、地元病院の小児科と産科が危機にあることをどう受け止めているかを聞いた。母親たちは「そんなの困る」「何でこんなことになったの？」「これからどうしたらいいの」と不満をもらした。足立が「お医者さんの勤務がどれだけ過酷か知ってる？」と再度問うと、母親の一人がみずからの体験を話した。その模様は「守る会」のホームページで次のように記されている[12]。

「喘息発作の子どもを連れて夜間救急を受診した。夜8時に病院に行くと、すでに30人ほどが待っていた。やっと診察の順番が回ってきたのが午前2時。入院が決まり病室に通されたのは明け方の4時だった。そのまま親子で寝てしまったが、翌朝目を覚ますと『処置しておきました』と書かれた置手紙がベッドサイドにあった。そして、翌日も普段どおりに診療を行う先生を見たとき、『先生、寝てないんだ』ということに気が付いた。『うちの子の病気のこと考えたら、柏原病院の小児科がなくなるんはほんまに困るんや… でも、先生のあんな姿見とったら〝辞めんといて〟とは、よう言わん…』」

●――メディアの眼差し

「守る会」の活動は全国の医療関係者から注目を集め、新聞各紙でも紹介されたが、「母たちの奇跡」のような美談に仕立てられがちであった。丹波の母親たちは、共同通信社と全国46地方紙の「地域再生大賞」でも準大賞を授与されたが、このときも、足立記者や地元新聞の貢献には触れられることはなかった。それはなぜか。足立の行動が「客観報道」から逸脱しており、その逸脱が地元の問題解決に寄与していたというパラドックスを受け止められずにいたからではないか。つまり、主流メディアの記者が飛び越えられない「報道と社会運動の一線」を飛び越えた記者に共感できかなったのだ。

足立は運動団体を作るよう直接的な指図をしていない。主役はあくまでも母親である。だが結成のきっかけを作ったのは足立であり、母親たちの相談相手であり続けている。当時、病院の小児科で徹夜続きの日々を送っていた医師の和久祥三は、足立を「救世主」と称え、研究会や講演会でジャーナリストとの協働の大切さを訴えている。

■思考の道具箱■黄金律

「黄金律」は相手の身になって考えを示す道徳原理。仰々しい名前のため「絶対正しい掟」という印象を与えがちだが、「立場の可換性」を意味し、「立場の可逆性テスト」と同義と考えていい。

『広辞苑』では、「人からして欲しいと思うことのすべてを人々にせよ」という新約聖書の一説を示し、黄金律を「キリスト教倫理の原理」と説明している。

これと似た道徳原理は、古代から宗教や文化の別なく存在する。論語の「己の欲せざるところは人に施すなかれ」もその典型だ。

他者の立場を考慮するという考え方は、1970年代以降、政治哲学の論争を呼んだ思考実験「無知のベール」に通じる。無知のベールとは頭にかぶせると自分の性別、財産、身分、民族……がわからなくなる（無知になる）架空のベールで、発案者のジョン・ロールズはもし無知のベールがあるとすれば、人はどのような判断を下すかと問うた。

焦点は、ベールを脱いだときの自分の境遇だ。

もしかしたら、大金持ちかもしれないが、物乞いをしている身の上かもしれない。一度でも自分を不幸な境遇だったらと想像すれば、だれもがリベラルで平等な社会を指向するはずではないか。そうロールズは考えた。これがアメリカ型のリベラリズムの背骨となっている。

詳しくは、ロールズが『正義論』で記した「格差の二原理」の箇所を読まれたい。

[注]

[1] ジェイムズ ファローズ『アメリカ人はなぜメディアを信用しないのか：拝金主義と無責任さが渦巻くアメリカ・ジャーナリズムの実態』池上千寿子訳、はまの出版、1998年、326頁

[2] Stelter, Brian, 'CNN Fires Middle East Affairs Editor', New York Times, July 7, 2010.

[3] 朝日新聞「『ヒズボラ指導者尊敬』CNN記者、ツイッター投稿で解雇」2010年7月9日朝刊

[4] 朝日新聞記者行動基準 (http://www.asahi.com/shimbun/company/platform/kisha.html 2016年6月5日取得)

[5] 花田達朗・清水真・高田昌幸『日本の現場 地方紙で読む2012』旬報社、2012年

[6] 猪股征一『新聞ジャーナリズム入門』岩波書店、2006年、14頁

[7] 寺島英弥『シビック・ジャーナリズムの挑戦：コミュニティとつながる米国の地方紙』日本評論社、2005年

[8] Frankel, Max "Fix-It Journalism," *The New York Times Magazine*, May 21, 1995.

[9] Rosen, Jay (1999) *What Are Journalists for?*, New Haven: Yale University Press.

[10] Glasser, T. L. ed. (1999) *The Idea of Public Journalism*, New York: Guilford Press.

[11] ジョン・デューイ『公衆とその諸問題』阿部齊訳、筑摩書房、2014年、266頁

[12] 県立柏原病院の小児科を守る会ホームページ (http://mamorusyounika.com/aisatu.html 2016年6月4日取得)

[参考文献]

足立智和「柏原病院パンク寸前 医師不足、1年で9人減」2006年3月19日、丹波新聞ホームページ (http://tanba.jp/modules/features/index.php?page=article&storyid=37 2016年6月3日取得)

足立智和「先行事例 県立柏原病院の医療再生の現状：兵庫県丹波地域の住民の取り組み」『病院』2011年9月号

梶本章「柏原病院小児科の再生 お母さんたちはどうして立ち上がったのか」『社会保険旬報』2011年1月号

県立柏原病院の小児科を守る会ホームページ (http://mamorusyounika.com/ 2016年6月3日取得)

丹生裕子「地域医療を守るのは一人ひとりの心がけ：県立柏原病院の小児科を守る会の取組み」『農業協同組合経営実務』2011年12号

和田努「医療：新たな胎動 (第42回) 崩壊寸前の小児科が再生した兵庫県立柏原病院の〝奇跡〟」『健康保険』2009年10月号、「医療：新たな胎動 (第43回) 兵庫県立柏原病院崩壊を救った「小児科を守る会」の創意と優しさ」『健康保険』2009年11月号

CASE：014
NPOに紙面作りを任せてもいいか

1　思考実験

「NPOに紙面の一部を作ってもらい、人件費を抑制します」

先代から経営を引き継いだ三代目の若社長は、そんな再建案をぶちあげた。それも、社長就任の初日に全従業員を前にして。

わが新聞社の創業者は記者としては優秀だったが経営の才覚がなく、二代目社長が再建に取り組んだものの、経営は好転しなかった。次にバトンを受けた三代目は記者経験のない三十代だった。

若社長の再建案に対し、編集局の老練な記者たちは〝洗礼〟ともいえる批判を浴びせた。「紙面作りを外部に任せれば、編集の独立を手放すことにつながります」「紙面を他人任せにする新聞社がどこにありますか」「すこしはジャーナリズムの勉強をしなさい」

われわれ記者には意地があった。県庁所在地から離れた地にある小さな新聞だが、農家の跡継ぎ問題、医師不足、買い物弱者など、過疎地の課題を熱心に報じてきたし、地元の権力である政財界も遠慮なく批判してきた。全国紙や県紙には負けていない。そんな自負もあった。

新社長は、その場は引き下がったが、翌日あらためて社員を招集した。「ぼくには記者経験はないし、新聞経営は初めてです。でも、この累積赤字を見てください」

彼は財務書類を全社員に配布した。「もはや自力再生は不可能です。

いつ倒産してもおかしくない。だからパートナーが必要なんです」

政治団体や宗教団体から資金を融通してもらえる可能性はあったが、NPOのような市民組織と協働するほうがいい。三代目はそう判断した。この地域には小さな市民活動団体を支援するNPOがあり、彼はその団体とプランを練りはじめていた。

- 新聞社は月曜紙面のうち二ページをNPOに開放する
- NPOは自力で編集した紙面データを新聞社に提供する
- 新聞社はNPOの紙面に口出しせず印刷する
- 両者間で金銭のやりとりをしない

新社長がそこまで説明したとき、記者たちが口々に異論を唱えた。

「新聞には掲載責任というのがあって、ファクトチェックは不可欠」「掲載を拒否する権限が必要」「NPOは運動団体なので、中立的で客観的な報道は無理」「たとえ紙面の一部だとしても『編集権』を手放したら、新聞失格です」

社長は大きなため息をついた。「公正中立、編集権、言論の独立……。そういうのは記者の自己満足でしょう。若者が流出し、高齢化が進むこの地で、なくなったら困ると思われているのは、新聞じゃなくて、地元の課題に取り組むNPOやボランティアです。われわれ地域メディアは、東京のメディアをまねるのをやめて、地域の人たちと一緒に新聞をつくるべきなんです。ジャーナリズムなんて捨てましょう」

われわれ記者は、新しい社長の提案をどのように受け止めればいいのだろう。

[A] 紙面編集の権限を守り抜く立場

「編集権」はマスメディアの命。どんな紙面を作るかを決定する最終的な権限は編集局にあるのが当たり前だ。たとえ一部であっても紙面作りを外部に丸投げしてはいけない。

[B] 紙面の一部を外部に委ねる立場

地域紙の編集作業に、地元の住民やNPOが参加することは、むしろ好ましい。紙面の一部を外の組織に委ねるのは、経費節減だけでなく、ジャーナリズムの新しい試みだ。

2　異論対論［B］紙面の一部を外部に委ねる立場

「編集権」について過去に論争があった。現在は「編集権」はメディアの所有者に帰属するというのが定説で、わが社の場合は三代目の新社長に帰属することになる。彼は、宗教団体や政治団体に紙面を乗っ取らせようとしているのではなく、NPO に自由に使ってもらうことで、経営再建と地域の課題解決を促そうとしている。経営は行き詰まっているのだし、挑戦してみる価値はある。

反論

われわれ記者がいい記事を書いていれば、読者も利益もかならずついてくるという考えは捨て去るべきだ。この地域には課題が山積していて、新聞社の経営も傾いている。われわれ記者も地域住民や市民団体と一緒に汗を流す地元民であり、エリート風を吹かせるのは間違っている。NPO に紙面を任せることは人件費抑制だけではなく、記者の意識を変える効果も期待できる。

再反論

NPO が作る紙面は、新聞業界の論理にしたがう必要はない。新聞社の仕事は事実の提示だが、NPO が目指すのは具体的な問題解決や社会の変革だと言われている。行政や政治が見過ごしてきた社会問題に取り組んでいる NPO の活動を、報道各社はたびたび記事にしてきた。休廃刊が相次ぐ新聞業界にあって、NPO との協働は新しいモデルになるかもしれない。

2 異論対論 [A] 紙面編集の権限を守り抜く立場

人件費抑制のため社外の人に紙面を作らせるのは手抜きだし、無責任きわまりない。編集局の使命は、命を賭しても外部からの干渉を排して紙面を作ることだ。編集局が口出しも手出しもできない紙面を外部に提供するなんて、じぶんでじぶんの首を絞めるのと同じ。新聞社にとって「編集の独立」はなによりも大切。編集の権限はぜったいに手放してはならない。

反論

「編集権」概念が所有者に帰属するというのは経営側の一方的な主張にすぎない。今回はNPOと協働する穏健な提案だが、新社長がある日突然、民主主義を否定するような団体と組むと言いはじめたら、阻止しなければならなくなる。編集局の理想は自律した職能集団であること。われわれ記者は、資本の論理に惑わされることなく、「言論の自由」を追求していくべきだ。

再反論

そもそも取材や編集には技術と経験が必要だ。インタビューの作法、誤読されない文章術、裏付け取材の方法、的確な見出しづくり。それらのノウハウはわれわれ編集局にあり、それが読者の信頼を得ている。他人様に金を払ってもらえる水準の紙面をNPOが作れなかったら、読者を失うことになる。人件費を抑制できても、発行部数が減れば元も子もなくなる。

新聞紙面は、ニュースや論説などの記事部分と、広告・宣伝の部分に大別される。記事は、編集局の責任で作られ、広告は広告局の責任で掲載される。

記事のなかには、外部の人が執筆する寄稿や読者投稿もある。ただ、新聞社に寄せられた原稿のすべてが掲載されるわけではない。編集者が字句や表現の修正を求めることもあれば、ボツにすることもある。広告も基本的には同じで、会社が設けている審査基準に適合しないかぎり掲載されない。

3　実際の事例と考察

●――「新聞の自由」を守る責任

つまり記事であろうと広告であろうと、掲載／不掲載の最終権限は新聞社の側にある。そうした編集の権限を手放すのは、「新聞の自由」を捨てることに等しい。

新聞社に対して「これを載せろ」「それは載せるな」といった〝外部〟からの圧力があれば、体を張ってでもはねのけようとするのが、新聞人の職業的使命だ。その使命感は、戦時下の新聞界がすすんで検閲を受けたり、権力の意向を忖度して報道したりしたことへの悔悟と反省によると表明される。

しかし、新聞社の〝内部〟で、編集をめぐって意見がぶつかったときはどうすればいいのか。つまり、編集に関する基本方針を定めたり、記事掲載の可否を判断したりする最終的な権限は、新聞社のだれに帰属し、どのようなときに行使されるのだろう。

●――「編集権声明」

この問題について、日本新聞協会は、敗戦から間もない1948年に「編集権声明」を公表し[1]、「編集権」

を次のように定義した。

「編集権とは新聞の編集方針を決定施行し報道の真実、評論の公正並びに公表方法の適正を維持するなど新聞編集に必要な一切の管理を行う権能である」

そして、その「編集権」を行使するのは、「経営管理者およびその委託を受けた編集管理者」に限られるという。経営管理者とは「法人の場合には取締役会や理事会」と説明される。平たくいえば、メディア企業のオーナーや経営者と管理職の編集局長になる。

さらに「編集権」をどのように行使するのかについては、以下のように記されている。

「新聞の経営、編集管理者は常時編集権確保に必要な手段を講ずると共に個人たると、団体たると、外部たると、内部たるとを問わずあらゆるものに対し編集権を守る義務がある。外部からの侵害に対してはあくまでこれを拒否する。また内部においても故意に報道、評論の真実公正および公表方法の適正を害しあるいは定められた編集方針に従わぬものは何人といえども編集権を侵害したものとしてこれを排除する」

つまり、新聞協会がいう「編集権」とは、経営者に固有の権限で、意に沿わない従業員を解雇できる権利を含むものだと主張されているのだ。

●──批判される「編集権」

「声明」が公表された1948年当時、日本はアメリカ軍の占領下にあった。新聞記者たちはGHQから厳しい検閲を受け、経営者たちは労働運動に悩まされていた。GHQは当初、日本の民主化にとって労働運動は必要だと考えていたが、冷戦体制ができあがるにつれ「左傾化」阻止へと舵を切った[2]。

■思考の道具箱■NPO（非営利組織）

Non Profit Organizationの頭文字。政府や企業には対処できない社会的な問題に取り組む民間の非営利組織を指す。実態としてはNGO（Non Governmental Organization）と同じ。日本では1998年に、特定非営利活動促進法が施行され、社会貢献や公的なサービスに取り組む団体に法人格が与えられるようになった。NPOの活動領域は、保健医療や福祉、社会教育、まちづくり、スポーツ振興、環境保全、災害救援、人権擁護など幅広い。新聞社との協働をしているのは「中間支援組織」と呼ばれるNPOばかりである。

そんな状況下でつくられた「声明」に対し、研究者や文化人からは数多くの批判がなされてきた[2][3][4]。じっさい1960年代には、岡山の山陽新聞社で「編集権侵害」を理由に労働組合員の社員5人を懲戒解雇する事件が発生した[5][6][7]。裁判で争われ新聞社側が敗訴したが、新聞協会は「声明」を撤回も修正もしていない。

21世紀のこんにち、日本新聞協会の「声明」で謳われた「編集権」の概念を、額面通りに受け入れることはできそうにない。

わたしたちは「編集権」をどのように考えればいいのだろうか。まずはっきりさせておきたいのは「編集権」が法律用語ではないことだ。六法全書を開いても「編集権」という言葉は見つからない。法律の条文を探せば「編集の自由」という言葉が放送法と公職選挙法にあるが、新聞協会がいうような意味は含まれていない。

その一方で、「編集権」という言葉はニュース原稿でもよく用いられる。「編集の自由」や「編集の独立」と書くべき場合でも、たんに「編集権」と表現され、これが新聞協会のいう「編集権」との混同を招いている。

●――メディアの「内部的自由」

「編集の自由」「編集の独立」という概念は、編集と経営の分離について議論を積み重ねたヨーロッパでは、もっぱらメディアの所有者や国家権力に対して突きつけられる概念で、ジャーナリストの自由を守るための制度も検討されてきた。企業の売却や買収でオーナーが変わるたび編集方針まで変わりやすいことが背景にあり、フランスではジャーナリストの「良心条項（良識条項）」が、ドイツでは「内部的自由」が議論された。[8]

メディア企業の巨大化や影響力の大きさを考えれば、編集の基本方針や紙面編集の権限を、ごく一部の所有者・経営者に集中させるのは危険なことだ。編集の権限を、編集局のジャーナリストたちにも「分有」させるべきだという考え方のほうが、市民社会からの理解は得られるだろう。

ビジネスモデルが破綻したといわれて久しい日本の新聞業界では、紙面の一部をＮＰＯのような「外部」の団体に委譲する動きが広がりつつある。それは全国紙や県域の地方紙ではなく、市町村単位で発行されている地域紙の業界においてである。

●――地域紙の先進的な実験

県域よりも狭いエリアをカバーする地域紙は、全国に約２００あるといわれる。だが全体像が見通しにくい。多くの地域紙が新聞協会に加盟しておらず、県庁所在都市から離れた地域で配布されているためだ。研究者も主流メディアの記者も、大手の報道機関にばかり目を向け、地域紙の存在を忘れがちである。

だが、地域紙の対象は「課題先進地」であることが多い。市町村合併、耕作放棄地、自治体財政破綻、限界集落、外国人妻や技能研修生、産廃・原発・基地の立地……。それらの「課題」は東京の大手メディアも報道するが、地域住民と運命をともにする地域紙にしてみれば、死活問題である。付け加えれば、地域紙は企業規模も小さく、苦しい経営を強いられやすい。

ＮＰＯとの協働という新聞再生のモデルは、逆境をバネに生まれたジャーナリズムのイノベーションになろう。

●――上越タイムスの事例

新潟県の上越・妙高・糸魚川の三つの市をカバーする上越タイムス社では、１９９９年から紙面編集の一部をＮＰＯに委ねる試みを続けている。市民参加型の新聞をつくろうというような高邁な理想からはじめたのではなく、休刊回避の窮余策としてはじまった。

上越タイムス社は１９９０年、ケーブルテレビ会社のオーナーを中心とする地元経済界が共同出資して設立し、初代社長に元朝日新聞記者を据えた。朝日新聞記者の薫陶を受けた上越タイムス社の記者たちにとって、お手本は朝日新聞の地方版のような紙面であった。

県内で圧倒的なシェアを誇る地方紙『新潟日報』と全国紙の存在は大きかった。新興の地域紙には独自の販売網を構築する資力もなく、いい記事を書いても部数は増えない。二代目社長が設備投資をして経営のテコ入れをしたが、負債は膨らみつづけた。

１９９９年に三代目の経営者を迎えた。公立中学校で数学教師をしていた大島誠である。大島は、ケーブルテレビ会社オーナーの婿養子で当時39歳。記者経験はなかった。

着任直後、大島はいくつかの経営改善策を示した。そのなかに、全国紙の地方版のようなジャーナリズムとの決別と、外部のＮＰＯに紙面作りを手伝ってもらうことが含まれていた。条件は、ＮＰＯ側に紙面作りの対価を支払わないことと、ＮＰＯがどんな紙面を作っても新聞社は口出ししないことだった。

「だから素人は困る」「ジャーナリズムを捨てた新聞社がどこにある」。いずれの提案も、記者たちから総スカンを食らい、社内は紛糾した。

●――NPOとの協働紙面

そもそも大島がNPOの人手を借りようと思ったのは、大島自身が地元地域のNPOの代表者を務めていたためだ。大島は、上越タイムスの経営を任される前年、「くびき野NPOサポートセンター」（くびき野SC）の初代理事長に就いていた。大島がNPO活動に魅せられたのは、日本海重油事故の際に市民ボランティアたちとともに汗を流した経験からだった。

経営者の最優先課題は、じぶんの会社を儲けさせることだが、地元地域が疲弊してしまったら会社も生き残れない。課題先進地の上越を活性化させるには、NPOなどの市民活動が欠かせないというのが大島の結論だった。大島は社内で編集局の猛反発を押し切り、上越タイムス社は1999年からNPOに1ページを提供しはじめた。上越タイムス社ではこれを「協働紙面」と呼んだ。

このプロジェクトに取り組んで以降、上越地域のNPO法人数は急増し、上越タイムス社の発行部数も3倍に伸びた。NPO紙面は、2002年に2ページに、2004年から4ページになった。上越タイムス社は倒産の危機を脱したあとも、くびき野SCとの協働を止めようとしていない。

■思考の道具箱■地域紙と地方紙

地方紙は、特定の地方で発行される新聞の総称である。日本では第二次大戦期の新聞統合で「一県一紙」体制が確立したことから、県ごとの新聞（県紙）が地方紙といわれ、通常、県庁所在都市に本社がある。対する地域紙は、戦後新たに創刊したものだけでなく、新聞統合で休刊を命じられ戦後復刊したものも少なくない。多くは県庁所在都市から離れた地域に本社を構え、県域よりも狭い地域で発行される。全国紙からニュース配信を受ける地域紙もある。

地域紙がＮＰＯと協働するという「上越モデル」は、２０１０年に和歌山市に、２０１６年には宮城県石巻市に伝播した。

和歌山市で発行されている『わかやま新報』では隔週金曜の1ページを「わかやまＮＰＯセンター」が制作。東日本大震災の際に手書きの壁新聞を発行したことで知られる『石巻日日新聞』では毎月第３木曜の２ページを「いしのまきＮＰＯセンター」が作りはじめた。いずれも上越での事例をモデルにしている。どの実践例でも、ＮＰＯが「編集の独立」を新聞社から獲得しており、だれからも干渉されずに表現活動ができる公共的な空間が形成されている。

[注]

[1]「日本新聞協会の編集権声明」『取材と報道　改訂4版』日本新聞協会、２００９年

[2] 山本武利『占領期メディア分析』法政大学出版局、１９９６年、３７６頁

[2] 塚本三夫「現代の『編集権・編成権』：今日における問題の性格と所在」『現代のコミュニケーション：ジャーナリスト労働とマス・メディアの構造』青木書店、１９７６年、１８５頁

[3] 佐藤英善「経営権と編集権：マス・コミ企業と労働者」石村善治・奥平康弘編『知る権利：マスコミと法』有斐閣、１９７４年、61頁

[4] 伊藤慎一「新聞の編集権をめぐる諸問題」内川芳美ほか編『言論の自由』東京大学出版会、１９７４年、１０６-１０７頁

[5] 山本明「新聞『編集権』の成立過程」『同志社大学人文科学研究所紀要』１９６２年5号45-70頁

[6] 山本明「新聞の自由と山陽新聞事件裁判：真実の報道とプレス・キャンペーンとの関連を中心に」『人文學』１９６４年73号１４８-１６３頁

[7] 水町勇一郎「新聞社の内部事情を告発する組合活動の正当性：山陽新聞社事件」『メディア判例百選』２００５年、１６８-１６９頁

[8] 石川明「編集綱領運動と内部的放送の自由：西ドイツの場合」『放送学研究』１９７２年24号65-96頁

[参考文献]

内田晋「新聞編集権をめぐる法的諸問題」『レファレンス』１９８０年5月号

奥田道大「マス・メディアにおける地域社会の発見：沼津・三島地

区石油コンビナート反対運動の事例分析」『新聞学評論』１９６７年16号
里見脩『新聞統合：戦時期におけるメディアと国家』勁草書房、２０１１年
関谷邦彦「地域紙の自立と棲み分け：地域紙は県紙や大手紙とどう闘うか」『都市問題』２００５年12月号
第八次新聞法制研究会編著『新聞の編集権：欧米と日本にみる構造と実態』日本新聞協会、１９８６年
田村紀雄『日本のローカル新聞』現代ジャーナリズム出版会、１９６８年
畑仲哲雄『新聞再生：コミュニティからの挑戦』平凡社、２００８年
――「『編集権』からＮＰＯ『協働』へ：あるローカル新聞の市民参加実践」『情報学研究　東京大学情報学環紀要』２０１０年79号
――『地域ジャーナリズム：コミュニティとメディアを結びなおす』勁草書房、２０１４年
藤井敦史「ＮＰＯとはなにか」原田晃樹ほか著『ＮＰＯ再構築への道：パートナーシップを支える仕組み』勁草書房、２０１０年
山田晴通「日刊地域紙を概観する：経営的変化の素描（ローカル紙のいま）」『新聞研究』１９８８年6月号
山田護・二反田隆治、「地域新聞をどう作るか：行政・ＮＰＯとコミニティペーパーの関係」『分権型社会を拓く自治体の試みとＮＰＯの多様な挑戦：地域社会のリーダーたちの実践とその成果』龍谷大学大学院ＮＰＯ・地方行政研究コース、２００５年3号

CASE：015
ネットの記事を削除してほしいと言われたら

1　思考実験

わたしは通信社のデジタル部門の編集者をしている。けさ、デスク席に着いたとき、「削除依頼」という件名のメールに気づいた。ニュースサイトで公開されている一本の記事を消してほしいという。

差出人は男子大学生を名乗る人物だった。半年ほど前に彼の父親が軽微な事件で逮捕され、実名が報じられた。だが、父親は起訴猶予となり、被害者とのあいだで示談も成立したという。検察庁の処分通知書と和解書の写真画像まで添付されていた。気になったのは、メールの文面だ。

「父の逮捕を伝える記事が御社のサイトで二百日近くも晒されています。しかし、父はもう容疑者ではありません。（中略）わたしは就職活動中ですが、すでに三つの企業から、たて続けに内定を取り消されました。企業がネット検索するのは避けられません。（中略）容疑者とその家族には、忘れられる権利がないのでしょうか。一刻もはやく記事をネットから消してください」

社内のマニュアルにしたがえば、その種のメールは所属長を通じて法務担当の部署に転送すればそれですむ。

ニュースサイトの編集業務は、編集局が作る新聞用の原稿をウェブ版に加工して公開すること。当番デスクのわたしは、速報を打つほか、ニュースをチェックしてサイト全般を管理すればいい。目下の業務に直接関係ないメールが舞い込んだときは、所属長に転送して一声かけるところまでが仕事の領分である。

ただ、けさの「学生」からのメールは、みょうに引っかかった。

わたしにもメールの差出人と同じく就職活動をしていた息子がいる。息子は先日、ある会社から内々定をもらい、「あとは新聞沙汰になったり、ネット炎上しないかぎり正式採用だ」と喜んでいた。新聞沙汰、ネット……。そんな言葉が脳裏をよぎる。

うちのニュースサイトには膨大な記事やデータが蓄積されている。半年前の小さな記事はトップページには出ないが、検索ボックスにキーワードを入れれば、簡単に呼び出せる。つまり、延々と公開され続けているのだ。

会社としていったん公開した記事を、当番デスクの一存で勝手に消すわけにはいかない。編集局が訂正記事を出したわけではないし、誤報でもない。「消して」と求められるたびに記事を削除するようでは、報道機関としての独立性まで疑われる。「気の毒な話だから」というだけでは正当な削除の理由にならない。

所属長にメールを転送してもいいが、それでは時間がかかる。法務担当の部署が木で鼻をくくったような対応をする疑いもぬぐえない。

目の前の編集管理画面には、「この記事をサーバーから削除しますか」というメッセージが表示され、「実行」と「キャンセル」の二つのボタンが表示されている。はたして、どちらのボタンをクリックするべきなのか。

[A] 記事を削除する立場

いますぐ削除するべきだ。依頼してきた「学生」になんの落ち度もない。まちがいなく彼は被害者であり、彼を苦しめているのは、軽微な事件をいつまでも公開し続けている報道機関のニュースサイトだ。

[B] 記事を削除しない立場

すぐに削除せず、「学生」の言い分を会議の議題にするべきだ。削除するかどうかを議論して、企業としての結論を下すのが好ましい。正規の手続きを踏まずに、独断で削除していては、いずれ筋が通らなくなる。

2　異論対論［B］記事を削除しない立場

メールに書かれている「事実」を確認もせず、求められるまま記事を削除してはいけない。メールの送り主は実在するのか。写真は本物なのか。ネットの逮捕記事を消しますという新手の商売もある。いま記事を削除するのは一種の事なかれ主義にすぎない。真の問題解決には、事実の確認と社内での合意が必要となる。まずはメールを所属長に転送し、担当部署の判断を仰ごう。

反論

われわれがネットで公開した記事は、その後、自社のサーバーから削除したとしても、ソーシャルメディアを通じて拡散し続けている。つまり、ひとたびネットで公開すれば、あわてて削除しても意味がない。不起訴や起訴猶予になった記事を、今回のように弥縫的に削除するよりも、逮捕時に実名報道しないルールを作っていくことだ。メールはその議論をするうえで有効だ。

再反論

青年のメールを読んだ後、わたしの心に罪の意識が芽生えた。この感覚を、社内で共有することが問題解決の第一歩だ。マスメディアは、ときに人を破滅させる。ネットの犯罪記事が「犯歴データベース」のように悪用されることも、みな知っている。そうした問題を「忘れられる権利」の問題と一緒に議論していくべき。情に流されて問題を矮小化してはならない。

2 異論対論 [A] 記事を削除する立場

社会を揺るがす事件でもなかったし、父親は起訴もされなかった。被害者とのあいだで示談も成立しているという。ひとことで言えば、もう世間から忘れられてよい事件だ。なのに、うちのニュースサイトは、逮捕時点の記事を検索可能な状態で放置し続けている。学生の憤りや悲しさは想像にあまりある。彼の就職活動に影響が出ている恐れがあるのだし、即刻削除すべきだ。

反論

紙面とネットは性質が異なる。地方版の記事は狭い地域にしか伝わらないが、ネットでは一度公開した記事は世界じゅうに公開されてしまう。注意が必要なのは、刑事裁判にいたらなかった事件だ。逮捕の記事をネットで公開したものの、その後、不起訴や起訴猶予になっているケースもある。人道上の疑念が生じたのであれば、ひとまず削除しておくのが賢明だ。

再反論

大手メディアが匿名で報じても、ネットでは容疑者の家族のプライバシーが暴かれることはよくある。問われているのは、実名報道か匿名報道かの議論ではなく、いま苦痛を訴えているメールの差出人とどう向き合うか。いわば良心の問題だ。社内のルール作りなら、あとでもできる。いまやるべきは、人として、人の親としての最低限の義務ではないか。

「忘れられる権利」という新しい考え方の前に、まず「プライバシーの権利」を概観しておきたい。プライバシーを権利として提唱したのは、アメリカの法律家S・ウォーレンとL・ブランダイスが1890年に著した論文「プライバシーの権利（The Right to Privacy）」とされる。[1]

この論文が書かれた19世紀後半のアメリカでは印刷や写真の技術が向上し、私生活を暴露するゴシップや扇情的な記事を売り物にする大衆紙が都市部で流行していた。本来、ジャーナリストには権力を監視することが期待されていたはずだが、この時期のアメリカの大衆紙はときに、中世の公開刑のような働きをしていた。[2]

3　実際の事例と考察

●——プライバシーという権利

プライバシーという考え方が日本で知られるようになったきっかけは、1964年の小説『宴のあと』裁判だ。登場人物のモデルが、プライバシーを侵害されたとして三島由紀夫と新潮社を訴え、東京地裁がプライバシーの権利を認めた。プライバシーは当初、私生活をみだりに公開されない消極的な権利と考えられていた。これが情報化社会の進展と歩調を合わせるように、じぶんに関する情報を制御し、訂正や削除ができる積極的な権利（自己情報コントロール権）へと変化していった。このことから、情報環境の変化がプライバシーという新しい権利を産み、その意味を拡張させてきたという見方もある。そんな歴史を踏まえたうえで、今世紀に入って登場した「忘れられる権利」を考えてみたい。

●——忘れられる権利

「忘れられる権利」という考え方は、ヨーロッパ連合（EU）で芽吹いた。具体的には、2012年1月に

ＥＵが加盟各国に提案した一般データ保護規則（ＧＤＰＲ）案の17条に「忘れられる権利および消去する権利 Right to be Forgotten and to Erasure」が明記され[3]、２０１６年４月の欧州議会で可決されたときに「削除権（忘れられる権利）Right to Erasure（Right to be Forgotten）」としてまとめられた（「削除権」は「消去権」ともいわれる[4]）。

この削除権について、中央大学の宮下紘は次のように説明する[5]。

「１９９５年に成立したＥＵデータ保護指令の中にも個人情報の削除を認める『削除権』はありました。しかし、この削除権とは別に、インターネット上に拡散された『リンク、コピーまたは複製の削除』としての『忘れられる権利』が規定されることになりました」

つまりＥＵは、みずからは情報発信せず、ユーザーを情報発信者に誘導する検索エンジンに規制をかけたことになる。

●――検索サイトに削除義務

２０１６年の可決に先立つ２０１４年５月、ＥＵ司法裁判所はスペインの男性が「忘れられる権利」を掲げてグーグルに検索結果のリンク削除を求めた訴訟で、男性の主張を認めた。

弁護士の神田和宏によれば、原告の男性は不動産の競売をめぐる地元新聞の記事が、問題解決から16年たってもネット検索で表示されることから、グーグルにリンクの検索結果を削除するよう求めていた。請求の理由は「男性が訴えを求めた時点で債務は完済されている上に、その当時は妻帯者だったが現在は離婚しているなど、現在の状況を正確に表現した情報ではなくなっている」ということ。判決は「時間の経過と共に意味を持たなくなった情報などは、個人の求めに応じて一定の条件の下でリンクを削除する義務がある」として、男性の訴えを認めた[6]。

この判決に批判的なアメリカの高級紙は、表現の自由や報道の自由を制約する懸念を記事や論説で表明[7][8][9]。イギリスの主要メディアも「グーグルはEU司法裁判所の判断をあまりにも早急に実行に移しすぎだ」と抗議した。[10] 言論の自由や報道の自由を至高の価値と仰ぐ英米圏のジャーナリストらしい主張といえる。

●──誤認逮捕でもウェブで公開

英米では、インターネット上の表現の自由はどこまで許容されるのだろう。この問題をめぐり、毎日新聞記者の大野靖史が大阪版で興味深い記事を書いている。[11]

「米国では容疑者が逮捕された際にその顔写真を公開します。警察や州政府が出す公的な情報です。この顔写真を英語では「mugshot（マグショット）」と言いますが、それを全国から自動的に収集して再掲載する「マグショット・サイト」がネット上に何十も存在します。その一つを開くと、ずらりと顔写真とその名前、逮捕された場所や容疑などが掲載されています。そして検索で特定の人物の名前を入力すると、もし過去に逮捕歴があるとヒットするのです。誤認逮捕や後に不起訴になっていてもおかまいなしです」

アメリカでは、性犯罪常習者から子供を守るため、地域ぐるみで監視するための立法がなされており、1994年にニュージャージー州で殺害された当時7歳の少女の名前から、各州で成立した法がメーガン法（ミーガン法）と総称されている。マグショット・サイトは、メーガン法にも通じる自警団的な性格をもつものといえるかもしれない。

●──掲載され続ける弊害

ニュースサイト、検索エンジン、ソーシャルメディアの三者の相互作用が社会に利益だけをもたらしていれば問題はない。だが、ときに特定の人のプライバシーが侵害されたり名誉が傷つけられたりするケースが起こっている。そのことに気づいていながら、わたしたちの社会は見て見ぬふりをしているのではないか。

たとえば、EU司法裁判所がグーグル敗訴の判決を下す1か月前、毎日新聞千葉支局長（当時）の森本英彦が２０１４年４月の千葉版コラムで「本社や支局にも、『自分が逮捕された時の記事がいまだにネット上にある。再就職に支障があるので何とかならないか』といった問い合わせが時折ある」と書いている[12]。

こうした問題に直面している大手の新聞社では、ネットで記事を公開する期間を比較的短く設定しているという。メディア各社から記事の提供を受けているヤフー・ジャパンでは記事の公開期間は「24時間～１２０日間」だ[13]。だが、ひとたび公開されれば、たとえ公開期間が短くても拡散力は大きい。

ニュースサイトから削除されたとしても、新聞各社が提供している有料の記事データベースを使えば、むかしの犯罪記事をピンポイントで見つけ出すのは容易で、見合いの相手や取引先、採用応募者の過去を調べることも可能だ。

毎日新聞のように署名記事の多いメディアでは、記者の名前がブログやツイッターで晒されることはよくあり、先述の森本もコラムの末尾で、じぶんを「ばか記者」呼ばわりするブログ記事が10年以上に

■思考の道具箱■

アクセス権と自己情報コントロール権

マスメディアを通じて市民が言論活動することを保障しようとする考え方をアクセス権と呼ぶ。アメリカのJ・バロンが1960年代に議論を提起した。バロンは、合衆国憲法修正1条がよりどころにする「思想の自由市場」という考え方が、寡占化するマスメディアの実態にそぐわず、一般市民がマスメディアに登場する機会を保障する必要を論じた。この権利を自己情報コントロール権に結びつけようとする議論がある。2003年5月、衆議院の憲法審査会が、基本的人権の保障に関する質疑をおこなった際、自民党議員が「マスメディアに対するアクセス権の内容としての自己情報コントロール権も認められるべき」と主張した。

わたって公開されていることについて、「やはり気持ちが良いものではない」と憤る。

●――ネット時代の報道倫理

検索エンジンやソーシャルメディアなどとの共存を求められているニュースサイト。そこには、ネットが普及していなかった時代とは異なるルールが必要となる。ビジネスとしては、紙のビジネスを補完する補助的な存在としてはじまったが、もはやネットの特性を勘案したジャーナリズムの規範と倫理を別途構築していくべきだろう。

新聞紙というひとまとまりのパッケージなら、「これは1面トップ」「こちら地方版ベタ」などのように、訓練されたジャーナリストが公共性や公益性などを考慮して記事の軽重を制御できる。だが、オンラインの読者は新聞社の価値付けとは無関係に、気に入った記事だけを断片的に読む。

2008年当時、ヤフー・ニュースの編集をしていた元読売新聞記者の奥村倫弘によると、芸能やスポーツ記事がよく読まれる一方、コソボ自治州がセルビアから独立したといった硬い記事はあまりクリックされなかった[14]。そうした傾向は5年や10年で変わるものではあるまい。もしかすると、芸能人の犯罪や不祥事、スキャンダルには、冒頭で記したような、中世の公開刑のような要素があるのかもしれない。

●――京都地裁と東京地裁で判決

「忘れられる権利」をめぐる日本国内の裁判としては、2014年8月の京都地裁判決がある。原告の男性は「自分の名前を検索すると過去の逮捕記事が表示され、名誉を傷つけられたとして」ヤフー・ジャパンに、検索結果の表示中止を求めた。男性は京都府迷惑行為防止条例違反（盗撮）容疑で逮捕され、執行猶予3年の有罪判決が確定していた。対ヤフー訴訟の判決では「原告の逮捕事実は社会的な関心も高く、公共の利害に関する事実。原告の人格権が侵害されているとは言えない」として、男性の訴えは認められなかった。[15]

この男性が自分の逮捕を報じた報道機関に対して、ネットの記事の非表示や削除を求める訴訟を起こしたという報道はない。グーグルを相手に勝訴したスペインの男性の場合もそうだが、新聞社は訴訟の対象にならなかったようだ。

京都地裁判決から2か月後の10月、検索結果の削除を求めた仮処分申請で、東京地裁がアメリカのグーグル本社に一部の削除を命じる決定を出した。仮処分申請をしたのは、グーグル検索の結果表示される情報に悩まされていた男性。グーグルに削除を求めた237件のうち約半数の122件の検索結果について、東京地裁は検索結果のタイトルと、その下に表示される抜粋文（スニペット）の削除を命じた。[16]

新聞報道では、この男性が過去に「逮捕」されたかどうかの情報は記されておらず、犯罪を連想させる検索結果が出ることで「現在の生活が脅かされる」と訴えているだけであった。申請の代理人を務めたのは先述の神田和宏で、神田は自著でも「この決定が出たあと、多くのマスメディアが好意的に決定を報じてくれました」「日本における『忘れられる権利』にとって大きな一歩と捉えています」と述べた。[17]

●——最高裁の判断はまだ

しかし翌2015年12月、この男性がヤフーに検索結果の削除を求めた仮処分申請で、東京地裁はグーグルの仮処分決定のときとは逆に、「削除不要」の決定を下している。この男性は未成年のときに「反社会的集団の幹部」だった。削除申請に対し、ヤフー側は男性が「約10年前に複数の雑誌のインタビューで、集団幹部だった過去を自ら公表していた」とする証拠を提出し、地裁が「プライバシー権で保護される法的利益を放棄した」と判断した。[18]

２０１５年にじぶんの逮捕歴がわかる検索結果を削除するよう申請した男性の仮処分について、さいたま地裁は「ある程度の期間が経過すれば犯罪を社会から『忘れられる権利』がある」とグーグルに削除を命じた。しかし翌２０１６年の控訴審では、忘れられる権利が「法で定められた権利ではない」として削除命令が取り消され、２０１７年の最高裁第三小法廷（岡部喜代子裁判長）は削除を認めない決定をした[19]。

最高裁は判決で、削除の基準として①表示された事実の性質・内容、②プライバシーに関わる事実が伝達される範囲と具体的な被害の程度、③申立人の社会的地位や影響力、④記事の目的・意義（公共性）、⑤社会的状況、⑥その事実を記載する必要性の６項目を挙げた。だが、「忘れられる権利」への言及はなかった。

[注]

[１] Warren, S. D., & Brandeis, L. D. (1890). “The right to privacy”, *Harvard Law Review*, 193-220.

[２] 大井眞二「センセーショナリズムを考える：アメリカ・ジャーナリズム史の文脈から」『マス・コミュニケーション研究』１９９３年43号45-62頁

[３] European Commission（2012）“Proposal for a Regulation of the European Parliament and of the Council on the Protection of Individuals with Regard to the Processing of Personal Data and On the Free Movement of Such Data（General Data Protection Regulation）”（Retrieved May 27, 2017, http://ec.europa.eu/justice/data-protection/document/review2012/com_2012_11_en.pdf）

[４] European Commission（2016）“Article 17 EU General Data Protection Regulation（EU-GDPR）”（Retrieved May 27, 2017, view-source:http://www.privacy-regulation.eu/en/17.htm）

[５] 宮下紘『ビッグデータの支配とプライバシー危機』集英社、２０１７年、１１１頁

[６] 神田知宏『ネット検索が怖い：「忘れられる権利」の現状と活用』ポプラ新書、２０１５年、40-41頁

[７] The New York Times, 13 May, 2014, “Ordering Google to Forget”,（Retrieved 26 August 2017, https://www.nytimes.com/2014/05/14/opinion/ordering-google-to-forget.html）

[８] David Streitfeld（13 May 2014）. “European Court Lets Users Erase Records on Web” *New York Times*（Retrieved 26

March 2017, https://www.nytimes.com/2014/05/14/technology/google-should-erase-web-links-to-some-personal-data-europes-highest-court-says.html)

[9] Craig Timberg and Sarah Halzack (14 May 2014) "Right to be forgotten vs. free speech" *Washington Post* (Retrieved 26 March 2017, https://www.washingtonpost.com/business/technology/right-to-be-forgotten-vs-free-speech/2014/05/14/53c9154c-db9d-11e3-bda1-9b46b2066796_story.html)

[10] 朝日新聞『「名前検索される、恐怖」『忘れられる権利』判決で注目』２０１４年11月16日朝刊

[11] 毎日新聞「15歳のニュース：「忘れられる権利」とは　ネットが変えた記憶のかたち」２０１４年６月７日朝刊大阪版

[12] 毎日新聞「つれづれに千葉：忘れられる権利」２０１４年４月22日朝刊千葉版

[13] Yahoo!ニュースヘルプ：記事の掲載期間（https://www.yahoo-help.jp/app/answers/detail/p/575/a_id/44387 ２０１８年６月20日取得）

[14] 奥村倫弘『ヤフー・トピックスの作り方』光文社、２０１０年、１０１０-１０４頁

[15] 毎日新聞「名誉毀損：ヤフー検索、逮捕歴表示の中止棄却「人格権侵害ない」京都地裁判決」２０１４年８月７日夕刊

[16] 朝日新聞「グーグル検索結果の削除命令　名前入力で犯罪思わせる内容　東京地裁」２０１４年10月10日朝刊

[17] 神田前掲書57-59頁

[18] 朝日新聞「ヤフー検索結果「削除不要」　グーグルと判断一転　東京地裁仮処分」２０１５年12月16日朝刊

[19] 朝日新聞「検索結果の削除、表現の自由と考量　プライバシー保護「明らかに」上回るか　最高裁」２０１７年２月２日朝刊

[参考文献]

Banon, Jerome A. (1967) "Access to the Press: A New First Amendment Rights," *Harvard Law Review*, 80: 1641-1678.

衆議院憲法審査会、第１５６回国会、基本的人権の保障に関する調査小委員会（第３回）平成15年５月15日（http://www.shugiin.go.jp/internet/itdb_kenpou.nsf/html/kenpou/chosa/156-05-15jinken.htm ２０１７年３月28日取得）

奥田喜道編著『ネット社会と忘れられる権利：個人データ削除の裁判例とその法理』現代人文社、２０１５年

CASE：016
正社員の記者やディレクターに表現の自由はあるか

1　思考実験

記者会見の冒頭、市長がいきなり、わが社の新聞を広げ、例のコラムに人差し指を突き立てて言い放った。

「この差別コラムに、断固抗議します」市長は眉間に縦皺を寄せ、わたしを睨んだ。唇が怒りに震えていた。無理もない。さすがに今朝のコラムのタイトルは常軌を逸していた。人権感覚の欠片もない。ジャーナリズム史上、類を見ないタイトルだ。

〝市長のＤＮＡに卑しい血統〟

わたしは、コラムを掲載した新聞社の記者という身の上を呪った。正直、恥ずかしい。会見がすんだら、社長を突き上げるつもりだし、コラムを書いた外部筆者をぶん殴ってやりたい。

「政策論争なら受けて立ちますよ。わたしの政策が間違っているなら、具体的に指摘してほしい。けど、わたしの先祖をさかのぼって、怪しい人物がいたとか、血のつながりがどうだとか……。血統やら出自で人間性を否定するのは、ナチズムと同じ。これが言論の自由として許されるのか」

いたたまれなかった。わが新聞社の側に非があるのは明白だ。

「そこの君」市長はわたしを指さした。「わたしは君の意見を聞きたい。これはだれが見ても、新聞によるヘイトスピーチだ。そう思わないか。

これがジャーナリズムなのか」

平静を装っていたが、渡されたマイクを受け取るとき、指の震えを止められなかった。

「あのぅ、コラムを書いたのは外部のコラムニストでして……」

「待ちなさい」市長はわたしの言葉を遮る。「それは内輪の論理で、世間じゃ通用しない」

「でも、現場の記者は会社を代表するスポークスマンじゃないですから」

「社を代表しなくてもかまいません。君の個人の意見はどうなんだ。ひとりのジャーナリストとして、こういう記事は許されるのかね」

記者会見場のすべての視線が、わたしに集まる。カメラのフラッシュが目に痛い。ライバル紙のあすの紙面で、わたしの醜態は晒されるのだろうか。市長にやりこめられた憐れな記者？　反論ひとつできない記者？　むろん、わたしにも言いたいことはある。あの記事は差別的だ。だが……。

「何とか言ってみなさい。あなたは自分の意見も自由に言えないのですか。言論の自由を守るジャーナリストが、言論の自由を新聞社から制限されているのですか」市長は勝ち誇ったような目で見おろす。

全身から汗が噴き出てくる。マイクを持つ手がぬめり、頭の芯が痺れる。

逃げ出したい。だが、逃げ場はない。逃げてはいけない。わたしは心の中で自分に命じた。いま為すべきことだけを為せ。

[A] 自分の意見を言わない立場

わたしにも良心があるし、言いたいこともあるが、ここは観察者に徹するべきだ。記者会見の席で市長は、わが社を罵倒し、記者であるわたしを詰問した。その事実を読者に伝えるのがわたしの仕事だ。

[B] 自分の意見を述べる立場

良心に従い自分の意見を述べよう。市長からみればわが社は差別事件の「加害者」で、わたしはその社員のひとり。周囲の記者とは異なる立場にいる。もはや取材者という言い訳は通らない。

2 異論対論 ［B］自分の意見を述べる立場

あのコラムで、わが社はジャーナリズムを名乗る資格を失った。あれを容認すれば、わたしも記者失格になる。だが、わたしには「言論の自由」がある。わたしが意見を述べることで、新聞社のなかにもいろんな意見があるということを示せる。それによって、新聞社も、わたしもジャーナリズムの世界に復帰する資格が得られるはずだ。

反論

雇われの記者にも良心があり、良心に背くことは拒否できる。社長から「ホロコーストのガス室はなかった」と書くよう命じられれば拒否するべきだ。例のコラムは悪質きわまりない差別記事。「外部の人が書いたから」「書かせたのは社長」「じぶんは末端の取材記者」……。言い訳を並べて責任から逃れようとするのは卑怯だ。

再反論

ジャーナリズムもひとつのイデオロギー。社長だろうと雇われ記者だろうと、わたしたちは市民の知る権利、表現の自由、民主主義を守る理念を掲げてきたし、それを尊ばなければならない。今回のコラムは、現在のわたしたちの理念を完全に否定していた。手渡されたマイクを使って市民としての責任をはたそう。

2 異論対論 [A] 自分の意見を言わない立場

市長の問いに答えてはいけない。取材記者の使命は、事実を伝えること。意見を書けるのはコラムニストや論説記者など限られた者だけだ。市長はそれを知っているはず。執拗にわたしを難じるのは、政治利用しようとしているからだ。市長がコラムに激怒し、記者を難詰した事実だけを、淡々と書こう。

反論

じぶんが被雇用者だということを忘れるな。新聞社は社員から「言論の自由」を奪っているわけではない。社員は新聞社という言論主体の一部として行動しているだけだ。社説を書く論説記者も自説を述べているのではなく、新聞社の見解を表明しているにすぎない。今回の一件は組織の問題。社長が記者会見を開き、説明責任をはたすべき問題だ。

再反論

取材記者としては事実だけを報じればいい。わが社のコラムに対し市長が激怒した。なぜ怒ったかを正確に詳細に伝えるべきだ。意見と事実の峻別。それはジャーナリストたちが経験から学んできた智恵の結晶。われわれは、戦時下の記者が「鬼畜米英」などの思想を記事に埋め込んだ反省を継承している。

3　実際の事例と考察

差別表現やヘイトスピーチについて考えたくなるケースである。だが今回は、「市長」が最後に言い放った「言論の自由を守るジャーナリストが、言論の自由を新聞社から制限されているのですか」という問いに絞って考えてみたい。

新聞社や放送局、雑誌社の名刺を使って取材をするジャーナリストは組織人とみなされる。日本のメディアでも会社を渡り歩く記者は増えてきたが、新卒一括採用が一般的で、記者たちは社内で訓練されて記者として育っていく。

好きで入社した会社なら、その社風にも染まりやすい。入社した企業が「大手」「一流」だと、その一員になったことを誇らしく思い、入社式の翌日から勤務先を「うちの社」「わが社」と言う人もいる。ライバル社に対抗心を燃やすのは時間の問題で、身も心も組織に一体化する社員記者が作り出されることがある。そういうジャーナリストにとって勤務先は運命共同体であり、内部の汚点を喜んで口外することはないだろう。

●――記者の良心を守る

だが実際のところ、組織ジャーナリストは多様だ。自社やメディアのあり方に問題意識を抱いていたり、自社の論調に批判的だったりすることは珍しくない。今回の思考実験のように、組織と個人の間で股裂きになることは程度の差こそあれ、だれにも起こりうる。そんな事態を考えるうえで、キーワードとなるのは、「良心」だろう。

信仰上の理由や思想的信条から兵役に就いたり戦闘に参加したりするのを拒むことを「良心的兵役拒否」という。徴兵に応じることが国民の義務とされる国で、これが問題になる。フランスでは1935年3月29日法でジャーナリストの権利として「良心条項（良識条項）」が定められた[1]。

現在も「良心条項」をジャーナリズム倫理のなかに位置づけようとするジャーナリストは多い。ドイツでは1960年代終わりから70年代にかけ、企業内部のジャーナリストたちが所有者に「内部的自由」を求める闘争を起こした。彼らが要求した項目のなかには「ジャーナリストの良心・信条の自由の保護」が含まれていた[2]。

日本では、毎日新聞社が1977年に策定した「編集綱領」で「記者の良心」という、日本版の良心条項を設けた[3]。その2年前、毎日新聞社は事実上倒産しており、そんな危機感が組織ジャーナリストたちに理論面での深まりを促したのではないかと思われる。

●——だれの命令に従うか

思考実験に立ち返ろう。組織ジャーナリストが外部でうかつな発言をすれば、たとえば劇場型政治家たちに利用される危険性もあり、一定の警戒は必要だ。だが、ジャーナリストの「良心」を認めないメディア企業があるとすれば、その組織内のジャーナリストは単なる部品と化する。

元共同通信記者の辺見庸は『朝日新聞』のインタビューに以下のように答えている[4]。

「2001年のアフガン空爆のとき、朝日は社説で『限定ならやむを得ない』と書いた。それに抗議の声を上げた記者がいたことを、ぼくは知っています。あれは別に全社挙げての民主的な討論を経て書かれるわけじゃないですよね。しかし、それは違うんじゃないかって執拗に言い張ると『困ったちゃん』みたいに扱われる。（中略）そうしたことを冷笑し、馬鹿扱いすることが、時とともに組織や社会をどれだけ悪くしていくことでしょうか。（中略）自分がそういうことに直面したときに、果たしてどれだけ誠実でいられるかという問題だと思うんです」

わたしたちはだれの命令に忠実であるべきか。その葛藤は組織ジャーナリストに限った話ではなく、すべての会社員、公務員、団体職員にも共通する難問だ。職場の就業規則か、地域社会のしきたりか、業界の職業倫理か、宗教的な戒律か、あるいはみずからの信条か……。

> **■思考の道具箱■良心条項**
> 欧州ではメディア企業の買収が珍しくなく、横暴なメディア王に買収された新聞社で編集方針が180度転換されることもあった。良心条項は、記者たちが個人としての尊厳を踏みにじられることから守る防波堤。その嚆矢は、第一次世界大戦の反省からジャーナリストたちの精神的自由を守ろうとしたフランスの1935年3月29日法とされる。日本では、毎日新聞社の「編集綱領」から20年後の1997年、新聞業界の労働組合（新聞労連）も「新聞人の良心宣言」を公表した。

●——市長の出自めぐる差別記事

橋下徹大阪市長（当時）が会見の場で朝日新聞記者に、ひとりのジャーナリストとしての見解を執拗に求める場面があった。[5]

発端は、『週刊朝日』２０１２年10月26日号に「ハシシタ‥奴の本性」と題する佐野眞一の連載初回記事が掲載されたことだった。[6] 出自をめぐる差別的内容が書かれており、橋下は２０１２年10月17日の囲み取材で「血脈主義、ないしは身分制に通じる恐ろしい考え方」と批判した。さらに橋下は翌18日の記者会見で朝日新聞記者をつるし上げた。

佐野は、橋下の父親の出自を暴露し犯罪にかかわっていたと記し、そうした「ＤＮＡ」を受け継ぐ者として「奴の本性」を描こうとした。当時の橋下は「飛ぶ鳥を落とす勢い」という言葉が似合う政治家で、歯に衣着せぬ物言いで労働組合や学者・文化人らをこき下ろし、大衆から絶大な支持を得ていた。佐野の記事は、そんな橋下を「血脈」を根拠にヒーローの地位から引きずり下ろすそうとする内容だった。[7]

●――ひとりの言論人としての意見

会見の場で橋下からつるし上げられた朝日新聞記者が差別に賛成しているとは考えにくい。それどころか、佐野の記事に批判的であった可能性は大いにある。だが、会見で橋下から見解を求められた記者は、佐野の記事が『週刊朝日』という別会社（朝日新聞出版）が編集したメディアに掲載されたことと、『朝日新聞』の取材記者であるじぶんたちには会社を代表してコメントする立場にないと述べるにとどまった。それに対し、橋下は朝日新聞出版が朝日新聞社の１００％子会社で、「別会社」「別メディア」という言い訳は通らないと反論し、次のようにたたみかけた。

「社としての見解は求めないが、記者としてはどうか」「会社を代表しなくても、ひとりの言論人としての意見を」

会見場の朝日記者は沈黙し、橋下ひとりが長広舌を振るいつづけた。

朝日新聞出版は『週刊朝日』11月2日号で「おわび」を掲載。11月12日に神徳英雄社長が辞任、前編集長の河畠大四と佐野の特集を担当した副編集長を停職3か月とする懲戒処分を公表した。この一件は朝日新聞を屈服させた「橋下劇場」という枠組みで論じられることはあっても、現場取材を命じられた組織ジャーナリストの道徳的な苦悩に光を当てられることは少なく、忘れ去られようとしている。

他方、サイバースペースでは、組織ジャーナリストがソーシャルメディアで情報発信する例が珍しくなってきたのも事実だ。社員記者が業務の一環としてツイッターで会社のＰＲをかねて自由に情報発信させる企業があれば、自由に述べることを認めていない企業もある。２０１５年には新潟日報社の報道部長がツイッターの匿名アカウントを使って新潟水俣病訴訟弁護団長の弁護士らを誹謗したことが明るみに出て、社内処分される事例も起こっている。メディア企業のガバナンスからみても、社員記者の表現の自由や良心の問題は悩ましい。

[注]

[1] ミシェル・マティアン『ジャーナリストの倫理』白水社、1997年、85-89頁

[2] 石川明「ドイツにおける『内部的プレスの自由』：ブランデンブルク州のプレス法の立法過程を中心に」『関西学院大学社会学部紀要』2000年87号77-87頁

[3]「毎日新聞社編集綱領」（1977年12月制定）毎日新聞社公式ホームページ〈会社案内〉毎日新聞の理念（http://www.mainichi.co.jp/corporate/vision.html 2016年4月10日取得）

[4] 朝日新聞「（インタビュー）時流に抗う　作家・辺見庸さん」2016年1月21日朝刊

[5] 産経新聞「【橋下氏VS朝日】会見詳報（1）『週刊朝日、無知の集団だと思っている』」MSN産経ウエスト2012年10月18日17：26（http://sankei.jp.msn.com/west/west_affairs/news/121018/waf12101817330030-n1.htm 2016年4月10日取得）

[6] 佐野眞一「ハシシタ：奴の本性（第1回）パーティーにいた謎の人物と博徒だった父」『週刊朝日』2012年10月26日号18-23頁

[7] 篠田博之「橋下市長との言論戦はメディア側の完敗に『週刊朝日』連載中止事件と差別表現をめぐる議論」『創』2012年10月号50-59頁

[参考文献]

新聞労連・現代ジャーナリズム研究会編『新聞人の良心宣言：言論・報道の自由をまもり、市民の知る権利に応えるために』日本新聞労働組合連合、1997年

松本創『誰が「橋下徹」をつくったか：大阪都構想とメディアの迷走』140B、2015年

毎日新聞「特集ワイド：「打ち切って終了」でいいのか　週刊朝日問題　橋下市長の言い分と識者の見方」2012年10月25日夕刊

山田健太「ジャーナリズムは本当に大丈夫か：相次いだ誤報報道とハシシタ問題から考える（書物の宇宙、編集者という磁場）」『Editorship＝エディターシップ』2013年2月号

北畠弦太・曽根文朗・龍沢正之ほか「座談会　橋下番記者を悩ませるプロレス型政治の現実と報道の困難」『Journalism』2012年7月号

第５章
取材者の立場と属性

CASE：017
同僚記者が取材先でセクハラ被害に遭ったら

1　思考実験

新聞社の緊急記者会見から一夜が明けた。わたしは放送局の報道局長席についた。そして罪の意識にさいなまれはじめた。

「副市長が女性記者たちにセクハラ！」そんなスクープが週刊誌に掲載されたのは一週間前のことだった。記事によれば、何人もの女性記者が副市長からセクハラの被害に遭っていたという。

週刊誌が発売されたその朝、副市長は自宅前で大勢の取材陣に囲まれた。不機嫌きわまりない表情をした副市長は怒りをぶちまけた。

「名誉毀損で出版社を訴える。被害者だというオンナがいるなら名乗り出ろ。いったい、どこの社だ」

メディア各社は「週刊誌ＶＳ副市長」という構図で報道した。

女性記者が名乗り出ることはなく、時間だけが経過した。これで幕引きかと思われていた矢先、ある新聞社の編集局長が緊急記者会見を開き、女性社員が被害を受けていたことを表明した。被害に遭ったのは二十代の市政担当記者で、市役所内のある疑惑を追いかけていた。そんな折、副市長から直々に「二人きりで飲もう」と誘いを受けたという。

「彼女はジャーナリストとして、庁舎内では聞けない情報を得たいと考え、副市長が待つバーに向かいました」

暗い店の奥のテーブルで向き合うと、女性記者は「疑惑」について探りを入れたが、副市長からはセックスを連想させるいやらしい言葉を幾度もぶつけられた。はじめのうちは「なに言ってるんですか」とかわしたが、言葉による性暴力はエスカレートした。彼がトイレに立ったすきに、記者はスマホの録音アプリをこっそり起動した。自己防衛のためだった。

会見で新聞社の編集局長は言った。「彼女はセクハラを報道したいと上司に掛け合いましたが却下され、不適切にも週刊誌に取材内容を漏らしました。新聞社として反省すべき点もありますが、セクハラは事実であり、副市長には謝罪を求めます」

その会見は新聞社にもダメージをもたらしたかもしれないが、副市長のセクハラ疑惑をクロ認定する痛烈な一撃になった。

だが、わたしはといえば、今朝からずっと、一年前の記憶に苦しめられている。ウチにも副市長を取材してセクハラを受けた女性記者がいて、わたしは相談を受けていたのだ。当時、わが報道局は、少ない人数をやり繰りしながら別の汚職事件を内偵取材中で、「セクハラなど二の次」という意識があった。

副市長はクセのある人物だが、わが社の重要なネタ元だった。下ネタを連発された程度でベソをかく彼女を見て、当時のわたしは「はたしてこの娘はプロの記者になれるのだろうか」と思ったものだ。

だが昨夜の新聞社の会見を見て、このままでいいのかと思えてきた。うちも公表すべきなのか。

[A] 記者の被害を公表する立場

わが放送局にも被害を受けた女性記者がいたことを公表すべきだ。自社の記者がセクハラ被害を受けていたことに目をつぶり、他社の被害を他人事のように報道するのは報道機関として不公正だ。

[B] 記者の被害を公表しない立場

週刊誌報道と新聞社の会見でセクハラ被害は明らかになった。わが社が1年前のことをいまごろ公表してどうなる。わが社が1年間にわたって隠してきたと疑われるだけだし、何の利益にもならない。

2 異論対論 [B] 記者の被害を公表しない立場

新聞社は、副市長の音声を無断録音し、その取材音声を外部に提供したとして批判された。その批判はもっともだし、あの新聞社も「不適切」と認めた。いまごろになって、わが社の内情を公表して謝罪してみせれば、自意識過剰のスタンドプレーだと受け止められるか、1年間なにをしていたんだと批判されるのがおちだ。

反論

報道機関が当事者になることは可能なかぎり避けるべきだ。まして、社会の公器であるメディアを自己都合で使うことは危険だ。われらの使命は、公的なニュースを客観的に伝えること。性犯罪についてわたしの認識が甘かった点は素直に反省する。だが、自社社員のセクハラ被害より、権力監視の調査報道を優先した当時の判断が間違っていたわけではない。

再反論

被害に遭った後輩記者へのケアは必要だし、わたしたちは猛省すべきだ。倫理規定も修正していく必要がある。しかし、それは報道局内でやるべきことだ。報道局は自律的でなければならず、外部からの干渉を招くような事態は最小限にとどめるべきである。記者会見を開いた新聞社に追随することに、なんの意味もない。

2 異論対論 ［A］記者の被害を公表する立場

もし記者が取材先で殴られたら即座に抗議するだろう。セクハラの被害も同列に考えるべきで、被害が１年前であろうと、１時間前であろうと、それは関係ない。わたしを含め、わが放送局の性暴力に対する認識が低かった。そのことを深く反省したうえで、わが社も会見を開き副市長に抗議すべきだ。

反論

夜討ち朝駆けの取材はオフレコが不文律だし、１対１で会ったとき録音するのもマナー違反。しかし、あの記者は「自己防衛」のため録音せざるをえなかった。それを自社で報道できず悔しい思いをした。似たような事例がわが社にもあった。そこから得た反省と教訓を、わたしたちは視聴者と共有すべきだ。

再反論

１年前に部下が取材先でセクハラ被害を受けたことを、当時ニュースにしていれば、現在こんなに悩むことはなかっただろう。民主主義の番犬を自認するわれわれが、近代社会の土台である人権に鈍感だったのは痛恨の極み。わたしは被害を相談しにきてくれた女性記者に心から謝罪し、そのことを視聴者の前で釈明する必要がある。さもなければ、わたしも加害者になる。

2018年春、「森友・加計問題」のカギを握る財務省で、事務次官によるセクハラ問題が発覚し、一時期マスメディアはセクハラ問題一色になった。特集記事やニュース番組のキーワードを拾っていくと、ざっとこんな感じになる。

取材者の人権と自己防衛、メディアの説明責任、国民の知る権利、夜の酒場で男女が1対1で取材すること、オフレコの無断録音とデータの外部流出、取材源の秘匿、内部告発（公益通報）、男社会の編集局、企業と記者の利害相反、ジャーナリストの自律性……

これらすべてを網羅はできないが、ジャーナリズム倫理に絞って検討してみよう。

3 実際の事例と考察

●——セクハラという権力犯罪

発端は2018年4月12日発売の『週刊新潮』のスクープだった。記事によると、財務次官が複数の女性記者にセクハラ発言を繰り返していた[1]。当時、取材記者たちは、安倍首相や昭恵夫人に対する「忖度」をめぐって、取材競争を繰り広げていた。断片情報でもほしい。そんな記者の心理をよく知る次官は、女性記者を夜の酒場に連れ出したうえ、性的な言葉を繰り返しぶつけた。

財務次官は中央官庁のなかでもトップエリート。官僚の頂点に立つ人物が、地位を悪用して民間企業の女性に言葉による性暴力を加えつづけていた。その不道徳きわまる実態を暴露したのだから、新潮社は権力監視というジャーナリズムの使命をはたしたと言っていい。

●——性暴力被害者に対する恫喝

財務省は4月16日、事務次官本人がセクハラを全面否定し、新潮社を名誉毀損で訴える準備をしていることを明らかにした。同時に、セクハラ発言を受けた女性に調査協力を呼び掛けた。「被害者と加害者、両者の言い分を聞かなければ事実がたしかめられない」というのがその理由だった。

ただし、この時点で次官は辞任していない（辞意を表明したのは18日）。つまり「加害者」が反撃を宣言し、彼がトップに君臨する官庁が「被害者は名乗り出よ」と求めたのである。恫喝ともいえるその行為は、性暴力への認識を著しく欠いており、報道各社は批判的に報道した。

だが、セクハラ被害を受けたと名乗り出る記者も現れず、自社の記者が被害を受けたことに対し抗議をしたマスメディアもなかった。その沈黙を破ったのはテレビ朝日だった。

●――テレ朝が緊急会見

テレビ朝日は4月19日、女性社員がセクハラの被害を受けていたことを緊急記者会見で明らかにした。『週刊新潮』の記事で発言が引用されていたのは、①大手紙記者、②テレビ局記者、③別のテレビ局記者、④別の大手紙記者、⑤テレビ局デスク、⑥財務省を担当する30歳のある女性記者だった。このなかで、テレビ朝日だけが企業として名乗り出た。

テレビ朝日が「報道関係各位」として配布した文書には以下のような文章があった。部分的に抜粋する（福田氏は事務次官の姓）。

「この社員は、1年半ほど前から数回、取材目的で福田氏と1対1で会食をしましたが、そのたびにセクハラ発言があったことから、自らの身を守るために会話の録音をはじめました。今月4日に福田氏から連絡を受け取材のために1対1での飲食の機会がありましたが、その際にも、セクハラ発言が多数あったことから、途中から録音をしました。そして、後日、上司に、セクハラの事実を報じるべきではないかと相談しました。しかし、上司は、放送すると本人が特定され、いわゆる二次被害が心配されることなどを理由に『報道は難しい。』と伝えました。／そのためこの社員は、財務事務次官という社会的に責任の重い立場にある人物による不適切な行為が表に出なければ、今後もセクハラ被害が黙認され続けてしまうのではないかという強い思いから、週刊新潮に連絡し、取材を受けたとのことです。週刊新潮には、その後、要請を受けて録音の一部も提供しています」

こうした事実関係に続いて、テレビ朝日としての見解が次のように記された。

「当社といたしまして、当社社員がセクハラ被害を受けたことを正式に財務省に抗議するとともに、今後、セクハラの被害者である当社社員の人権を、徹底的に守っていく考えです。一方で、当社社員からセクハラの情報があったにもかかわらず、適切な対応ができなかったことに関しては深く反省しております。また、当社社員が取材活動で得た情報を第三者に渡したことは報道機関として不適切な行為であり、当社として遺憾に思っています。／なお、セクシャルハラスメントという事案の性格から、当社としては被害者保護を第一に考え、当該社員の氏名をはじめ個人の特定につながる情報は開示しない方針です。報道各社の皆様においてもご配慮いただきますようお願いいたします」

●——社員の人権と視聴者への義務

この文書には、いくつもの論点がある。以下、検討してみよう。

テレビ朝日は組織として「適切な対応ができなかった」と反省を示した。では、どうすることが「適切」だったのだろうか。

こんな先行事例がある。２０１７年に岩手日報社の記者が取材先で行政の長から性暴力の被害に遭った。事実関係は日本新聞協会のホームページにも記されている。[2]

「同社によると伊達町長は10月中旬の早朝、取材で岩泉町にいた記者の宿泊先を訪ね、何度もドアをノックした。記者が開けると部屋に入って無理やり抱きつき、複数回キスをしたという。記者は精神的ショックで休職している。／岩手日報は直後に記者の報告を受け電話で抗議。約1週間後に盛岡市のホテルで伊達町長と面会し、抗議文を手渡した。事実関係を認め誠意ある謝罪をするよう求めた。双方が代理人を立て交渉を続けている」

町長は、抱きついてキスしたことは「幻聴幻覚」によるもので、「わいせつ」の意図を否定したが、岩手日報が12月6日の朝刊で報じると、ほどなく辞職した。

地方都市の町長であっても、町民から直接選ばれた権力者である。地方紙からみれば重要な取材対象で、できればよい関係を築きたい。だが岩手日報社は、社員が受けたわいせつ被害を町長に抗議し、女性社員の人権に配慮しながら報道することで権力を監視する任務をはたしたといえる。

これに対し、テレビ朝日は抗議も報道もしなかった。その点についてテレビ朝日では「二次被害」を避けるためだったと釈明した。その帰結として、被害社員が泣き寝入りを強いられた。「二次被害」を懸念して報道を控えたとしても、従業員がセクハラで傷ついていたという認識があれば、即座に抗議すべきであったのではないだろうか。

わたしたちが日々接しているテレビや新聞を作る企業内で女性が不当な扱いを受けていないかどうか、気を揉む読者・視聴者もいる。テレビ朝日以外のメディアも説明責任をはたすべきであろう。

●──「取材源の秘匿」を歪曲

テレビ朝日が配付資料で示した最大の問題は「当社社員が取材活動で得た情報を第三者に渡したことは報道機関として不適切な行為であり、当社として遺憾」と記したことだ。被害を受けた女性を責める文言であり、問題の焦点をずらしかねなかった。

取材で知りえた「特ダネ」を、悪意を持って他の報道機関に横流ししたなら責められるだろう。だが、記者はセクハラ被害から身を守るためやむなく録音したのだし、自社で報道したいと相談して却下されていた。記者クラブにも属しておらず、霞が関とのしがらみの薄い出版社に情報提供したことを責める資格はだれにもない。

しかし案の定、性暴力の問題を「取材源の秘匿」と絡めて論じる言説が広がった。たとえば読売新聞社は4月20日の社説で、「取材で得た情報は、自社の報道に使うのが大原則だ。データを外部に提供した記者の行為は報道倫理上、許されない」と厳しく批判した[3]。

被害者が記者であったため、安易に「取材源の秘匿」に言及する言説は意外なところからも発せられていた。4月28日にオンラインサイト「アエラ・ドット」に掲載されたタレント小島慶子のエッセーもそうだ。小島は財務大臣を厳しく批判したが、終盤に「声を上げたくても、取材源の秘匿など、記者ならではの制約もあります」と記した[4]。はたして「取材源の秘匿」は正しく理解されているのだろうか。

●──「取材源の秘匿」の意味

テレビ朝日の女性社員は取材目的ではなく身を守るため会食の途中から録音したのであり、この場合、取材倫理としての「取材源の秘匿」とは関係がない。取材に関する音声が含まれていたとしても、身の安全のために録音されたことは明らかである。たとえ取材内容が含まれていようと、記者にも自分を守る権利がある。それを放棄せよというのは間違いだ。

「取材源の秘匿」とは、市民社会に利益や正義をもたらす情報をもっているが、名乗れば危険が及ぶ人物から取材をして報道する際、それがだれであるかを秘匿する行為である。『週刊新潮』は、女性記者を匿名にして細心の注意を払って報道した。そのことが「取材源の秘匿」であり、新潮社の記者たちはリスペクトされてよい。

懸念すべきは、「取材源の秘匿」を振りかざしてメディア企業が社員を萎縮させたり、「取材源の秘匿」のため記者は被害を公にできないといった俗説が拡散したりすることだ。

●――内部告発／公益通報との関係は

被害を受けた記者が、『週刊新潮』にデータを提供したのは「セクハラ被害が黙認され続けてしまう」ことを防止するという「公益」のためだった。[5] こうした考えは、内部告発や公益通報制度に類する行為として考えられる。

内部告発とは、自分が属している組織の不正行為を匿名で明らかにする行為である。英語圏では内部告発者のことを、警笛を鳴らして注意喚起する人を意味するホイッスルブロワーと呼ぶ（ホイッスルブロワーがだれなのかを秘密にする行為がジャーナリズムの「取材源の秘匿」という倫理である）。

この考えと通底する公益通報者保護法が２００６年に施行された。この法律は、事業者と行政機関が取るべき措置を定めたもので、第2条3項に「通報対象事実」が記されている。

「一　個人の生命又は身体の保護、消費者の利益の擁護、環境の保全、公正な競争の確保その他の国民の生命、身体、財産その他の利益の保護にかかわる法律として別表に掲げるものに規定する罪の犯罪行為の事実／二　別表に掲げる法律の規定に基づく処分に違反することが前号に掲げる事実となる場合における当該処分の理由とされている事実」

テレビ朝日は犯罪をおかしたわけではないので、女性記者の行為は法律上の公益通報にはあたらないと思われる。しかし報道機関はこの法律ができる前から内部告発者の協力を得て権力監視してきた主体であった。報道機関の内部で、少数者（セクハラ被害者）の権利が多数者の論理によってかき消されていたとすれば、内部からホイッスルブロワーが出現することは必然であったと考えるべきではないか。

●——社員記者に対する安全配慮

報道機関であっても企業は従業員の安全を配慮する義務がある。[6] しかし取材活動に危険はつきもので、紛争地で命を落とした記者も少なくない。そんな極端な例を引き合いにして、女性記者に「セクハラなどうまくいなしてネタを取ってこい」と命じるのは一種の暴力だ。[7]

戦場取材をする記者には十分な知識と技術が求められるし、そうした仕事は拒否する権利もある。戦場ジャーナリストのように「セクハラ上等」と男社会に飛びこんでネタを取ってくるタイプの女性記者もいなくはない。そうだとしても、すべての女性記者にそれを要求するのは論外だ。

中東などの紛争地における危険な取材はフリーランスに任せ、社員記者が安全圏にいることを批判する声はある。近年の傾向として、原子力災害で報道各社は記者の安全を優先するあまり取材がおろそかになったことを憂慮する意見もあった。今回のセクハラ事件の教訓として、女性記者の取材活動をむやみやたらに制限するようなことがあってもいけない。リスクの判断は労使双方で協議して個別に決めるしかないだろう。

●——「強者」になったメディア

この事件では、テレビ朝日の女性社員をからかったり責めたりする場面も散見された。フジテレビの番組『ワイドナショー』では大物タレントが「セクハラ6・パワハラ3・ハニトラ1」と発言して物議を醸した。セクハラ次官も悪いが、女性記者にも問題があったのではないか。大物政治家たちからもそんな発言が発せられた[8]。

この問題を考えるときに注意しておきたいのは、大手メディアの社員記者が、庶民と地続きの存在と思われなくなっていることだ。大都市圏の裕福な家庭に育ち、十分な教育を施され、有名大学を卒業し、ブランドものの服を着て、政治家や芸能人を正義漢ぶって批判する。そんな「強者」への不信感が広がっていないだろうか。

さて、ここからはジャーナリズム論としての議論を一歩進めてみよう。

マスメディアの記者たちは、新人時代に記者教育を受ける。巨大組織や大きな事件事故はチームで取材するので、だれもが共通の倫理観と取材技術を共有していることが求められる。報道局や編集局はジャーナリズムの専門集団だ。ところで、記者という職業は専門職なのだろうか。

●——記者は専門職か

専門職とはなにか。平凡社『世界大百科事典』は「(1)体系的な知識（学問）を長期間学ばないと就けない職業であること、(2)自己の利益追求よりはむしろ公共への奉仕を指向していること」の2点を要件とし、「具体的には聖職者、法律家、医師、高等教育機関の教師、科学者、技術者、芸術家がその代表的なもの」と例示している。

また、科学技術者倫理の教科書は、上記の2点のほかに、専門職サービスを（ほぼ）独占していることや、倫理基準によって行動が規制されることなどを挙げている[9]。

1847年にアメリカ医師会、1908年にアメリカ弁護士協会がそれぞれ倫理綱領を公表して以降、欧米では数多くの職能団体が、自分たちの倫理規定を公表し、必要に応じて改訂してきた。専門職の職能団体は、自律したプロたちによって組織され、国家や市場（企業）の論理とは距離を保つ。

●――職能団体による連帯の可能性

ジャーナリズムの職能団体でいえば、国際ジャーナリスト連盟が採択した「ジャーナリストの義務に関するボルドー宣言」（1954年）、職業ジャーナリスト協会（シグマ・デルタ・カイ）倫理綱領（1926年採択、73年改訂）などがある。組織に所属するジャーナリストには勤務先や契約先のルールがあるが、上述の「宣言」や「綱領」は、より高次の使命を明示している。ひるがえって、日本では業界団体が設定した倫理綱領や企業ごとのルールが幅を利かせ、社を超えた記者たちの連帯の弱さが指摘されてきた。

技術者向けの倫理教育では、倫理的問題に直面したとき、可逆性テスト（黄金律テスト）、普遍化可能性テスト、徳テスト、功利主義テストなど、最善の方法を採る基準が検討されてきた[10]。これに対しジャーナリスト教育において上記のような倫理テストに類するものは存在しない。

正当な取材活動をしている記者が、取材先で物理的／心理的に攻撃されたとき、企業の壁を越えて団結するのはジャーナリストのあるべき姿だ。だが今回のセクハラ問題では、そうした動きは起こっておらず、記者たちは企業間競争のなかにとらわれたままだ。

法律家や医師、宗教者などの専門職性を参考に、ジャーナリスト倫理を検討してみる価値はないだろうか。

［注］

［1］「特集『森友危機』の折も折！ ろくでもない『財務事務次官』のセクハラ音源」『週刊新潮』2018年4月19日号24-28頁

［2］日本新聞協会「町長、記者にわいせつ行為 岩泉町 岩手日報が厳重抗議」報道界ニュース、2017年12月6日（http://www.pressnet.or.jp/news/headline/171206_11739.html 2018年4月18日取得）

［3］読売新聞「財務次官辞任 問われる人権配慮と報道倫理」2018年4月20日朝刊

［4］小島慶子「麻生太郎財務相に『心底腹が立った』」アエラ・ドット2018年4月28日（https://dot.asahi.com/aera/2018042600036.html 2018年5月5日取得）

［5］朝日新聞「録音提供は「公益目的」 テレ朝社長「被害訴えた」 セクハラ問題」2018年4月25日朝刊

［6］錦光山雅子「「報道機関にも記者を守る責任がある」福田財務次官のセクハラ疑惑、寺町弁護士が指摘」ハフィントンポスト、2018年4月17日（https://www.huffingtonpost.jp/2018/04/17/teramachi-touko_a_23413103/ 2018年4月18日取得）

［7］津本朋子「取材現場セクハラの呆れた実態、マスク越しにキス要求も」ダイヤモンド・オンライン、2018年4月26日（http://diamond.jp/articles/-/168681 2018年4月27日取得）

［8］大山くまお「麻生太郎、下村博文 セクハラ被害者を加害者扱いする呆れた発言録」文春オンライン、2018年4月28日（http://bunshun.jp/articles/-/7274 2018年4月28日取得）

［9］Charles E.Harris, Jr. ほか著『科学技術者の倫理：その考え方と事例 第3版』日本技術士会訳編、丸善、2008年

［10］札野順『新しい時代の技術者倫理』放送大学教育振興会、2015年、131-135頁

［参考文献］

江刺昭子『女のくせに：草分けの女性新聞記者たち』文化出版局、1985年
内閣府「男女共同参画白書〈平成29年版〉」勝美印刷、2017年
江原由美子『フェミニズムのパラドックス：定着による拡散』勁草書房、2000年
松原妙華「内部告発を端緒とする報道のあり方：その正当性を担保するジャーナリストの役割」『マス・コミュニケーション研究』2014年84号
駒村圭吾・鈴木秀美編著『表現の自由』尚学社、2011年
浜田純一『メディアの法理』日本評論社、1990年

CASE：018
犯人が正当な主張を繰り広げたら

1　思考実験

現地の取材班が撮影した特ダネ映像をどう扱うか。それが東京本社で開いた緊急会議の議題だった。テレビ局の報道局長として、わたしは重い決断をしなければならない。

一か月ほど前、南半球の小国で高級ホテルが武装グループに占拠された。現地の駐在員家族らがパーティーを開いていたところへ、武装集団が乱入。子供と女性は解放され、十二人の日本人男性が人質に取られた。その国の大統領府は、「テロリスト」たちを孤立させる目的でホテルの通信回線を遮断し、電力供給も制限した。報道機関がホテル内部を取材する機会は奪われ、大統領府が唯一の情報源となっていた。

そんななか、わが関東TVの現地取材班が昨夜、ホテルに運び込まれる医療品の箱に取材を申し込む密書を紛れこませたところ、けさ、ホテルの窓ガラスに「関東TV進入可」と書かれた紙が貼り出された。それを確認した取材班が、治安部隊の目を盗んで建物に駆け込み、衛星回線を通じて人質の映像をけさ日本に送信してきたのだ。

緊急会議の冒頭、スクープ動画が再生された。マシンガンとダイナマイトを手にした男女が画面いっぱいに映った瞬間、会議室はどよめいた。犯人に指示された人質が、邦訳された長い声明文を読み終えるまで十分近くを要した。

「第一の要求は不当に投獄されている仲間の解放。第二は結社と言論の自由。第三は少数者差別に対する謝罪。これより三つの要求の理由を説明いたします……」

続いて二十代前半とみられるリーダー格の男が現地語で話し、人質が通訳した。

「わたしたちは少数民族の農民です。大統領は貧しい者を抑圧し搾取しています。独裁者です。わたしたちは人質を傷つけません。身代金もいらない。人質には申し訳ないが、この国の人権状況を世界の人に知ってもらいたい一心でここへ来ました」

穏やかな話しぶりだ。彼の手下たちはさらに年若く、十代に見える。大統領府が喧伝する「狂信的で残忍なテロリスト」とは印象が異なる。続いて人質がひと言ずつ家族へのメッセージを伝えた。みな健康そうだ。じぶんたちが無事だということを家族に知らせたい。そんな人質の気持ちが伝わってくる。

社会部長が言った。「人質の安否情報はスクープです。ただ、取材班がいうには、犯人側の声明をノーカットで放送するのが取材を受ける条件でした」

「そこが問題なんだ」政治部長が顔をしかめた。「あちらの大統領が『テロの宣伝に協力するな』って日本政府を通じて強く求めてきた。公共の電波を使って奴らの演説を十分も垂れ流せば、さすがに日本の総務大臣も『停波』をちらつかせてくる」「取材は現場の独走と言い訳できても、オンエアは会社の責任になる」「スクープを握りつぶせば士気が下がる」……。議論は錯綜し、まとまりそうにない。

報道局の責任者として、わたしはどう判断すればいいだろう。

[A] 犯人の主張を編集して放送する立場

A

犯罪者の言いなりになるのは危険だ。まずは彼らがなにを主張しているのかしっかり見極めよう。取材は現地だが、ニュースとして放送するのは本社の役割だ。報道方針に照らし、編集しなければならない。

[B] 犯人の主張をノーカットで放送する立場

B

現地からの映像を見るかぎり、彼らは独裁政権の下で言論の自由を奪われている少数者だ。その主張も筋が通っている。われわれも日本政府から不当な圧力を受ける前に、まずは犯人の主張を無編集で伝えておこう。

2 異論対論 ［B］ 犯人の主張をノーカットで放送する立場

あらゆる取材は信頼の上に成り立っている。たとえ相手が「犯罪者」と名指される人であっても、われわれが嘘をついていい理由にはならない。時と場合によってはだまし討ちのような取材をする報道機関は、いずれ市民社会からも信頼されなくなる。映像を見るかぎり、「狂信的で残忍なテロリスト」ではない。包み隠さず伝えて、視聴者に判断を委ねよう。

反論

大統領府側だけを取材していても事件の全貌は見えない。犯行グループ側への取材は絶対に必要で、それを報道することは権力監視につながる。権力側が恐れているのは、犯行グループの主張にも理があり、それが拡散してしまうことだ。言論の自由がない国で、抑圧されている人たちが命をかけて訴えようとしている。われわれが報道しなかったら、彼らは浮かばれない。

再反論

人質を取るのは立派な犯罪だ。だが、彼らは何十倍もの武装警官に包囲され、逃げ場もなければ展望もない。こういう状況になれば、犯人たちは全員むごたらしく射殺される可能性が高い。彼らは命をかけて犯行に及んだ。われわれが彼らとの約束を破れば、彼らはさらに絶望し、自暴自棄になるかもしれない。人質の安全のためにも、約束は守るべきだ。

2　異論対論　［A］犯人の主張を編集して放送する立場

人質の命が大切なのはいうまでもないが、「テロリスト」の言い分を無批判に流せば、犯罪に手を貸すことになる。声明をノーカット放送しなければ人質を殺す、と脅されているわけではない。ここは、犯罪集団の言いなりにならないという姿勢を示そう。犯人たちのへの同情は禁物。罪のない人々を銃で脅して立てこもるというだけでも、重大な犯罪だ。

反論

問題は現場の取材班が独断で「約束」をしたことだ。日々のニュースは部長やデスクの裁量に任せるのがわが社のルール。今回のような国際問題に発展しかねない難しい事案は、現場で勝手に判断してはならない。彼らの求めに従うことは、放送法で定められている「番組編集の自由」を手放すことだ。すぐにだれかの言いなりになる報道機関は、市民社会から見捨てられる。

再反論

邦人の安否はできるだけ丁寧に伝えよう。日本の視聴者に対するわれわれの責任だ。しかしその武装集団と大統領府に対して、われわれは何の責任も負っていない。争っている二者のどちらにも与せず、どちらからも等しく距離を取るのが客観報道の常道だ。日本のテレビ局が内政に干渉することは避けなければならない。

「新聞は、警察に捕まるような悪に手を貸すのか」。福岡の西日本新聞社が1992年12月から、地元弁護士会の協力を得て報道改革（福岡の実験）をはじめたとき、そんな反応が寄せられた[1]。「福岡の実験」とは、警察発表やリーク情報に依存しがちな事件報道を改善するため、逮捕された人（容疑者）の言い分を当番弁護士を通じて記事にするプロジェクトだ。この試みは高く評価され、1993年度の日本新聞協会賞を授与された[2]。

3　実際の事例と考察

●——安易な勧善懲悪のフレーム

「警察に捕まるような悪」という言葉は、わたしたちが世の中を勧善懲悪の図式で認識しやすい証拠といえる。アメリカの評論家ウォルター・リップマンが「公衆は第三幕の途中に到着し最終幕の前に立ち去る。（中略）だれがヒーローでだれが悪役か、判断するのに必要なあいだだけ留まる」と断じたのは90年も前のことだ[3]。それから、わたしたちはどれだけ賢くなっただろうか。

社会における犯罪や逸脱行動の意味や機能については、フランスのエミール・デュルケームやシカゴ学派のロバート・マートンなど数多くの社会学者が格闘してきた。正義感の強い人は世の犯罪を撲滅したいと願うかもしれないが、デュルケームによれば、社会が健全であるには犯罪が必要で、逸脱する人がいない社会はディストピアだということになる。

マートンに連なるアメリカのハワード・S・ベッカーは、「ラベリング理論」を提唱し、「逸脱行動」が〝レッテル貼り〟から生じると論じた[4]。ラベリングと似た「スティグマ（烙印）」という概念があるが[5]、マスメディアはこれまで数多くの犯罪者たちにレッテルを貼ったり、烙印を押したりする役目をはたしてもきた。

●——金嬉老事件の教訓

たとえば、元読売新聞記者の本田靖春は、金嬉老(キムヒロ)事件を扱ったノンフィクション『私戦』の「あとがき」でこう記している。[6]

「金嬉老事件を私たちの社会が抱え込んでいる差別問題とのからみで見ないことにはその本質が読者に伝わらないという私のかぼそい主張は、殺人犯を擁護するものであるとして、職場でかき消されてしまった」

書名の「私戦」は、日本社会に虐げられた在日朝鮮人にとっての戦争であり、本田は金嬉老を犯罪に追いやった日本社会の病理を、事実を積み重ねることで徹底検証した。

金嬉老は1968年2月、手形トラブルをめぐって執拗に脅してくる暴力団員をライフルで射殺した後、旅館に人質を取って立てこもった。当初は凶悪な「ライフル男」としてみられていた。だが、人質を傷つける意志のないことや、マスメディアと接触したがっていること、差別発言をした警察官に謝罪を求めていることがわかると、旅館を訪れる報道機関は増え、記者たちは金嬉老に群がるように取材した。

しかし、金嬉老自身も「マスコミが私の気持ちを正確に伝えてくれることはほとんどなかったと思う」と述懐している[7]ように、事件報道に携わった記者たちが真摯に差別と向き合い、事件をわがこととして考えた形跡は乏しい。

金嬉老の逮捕後、朝日新聞は「記者座談会」を掲載したが、そのなかで差別問題について、次のように記していた。[8]

「少年時代から朝鮮人ということでバカにされ、差別待遇を受けて性格がゆがんだ。その不満がこの事件で一気に爆発したという感じだ」「警察に二度も謝罪させてウケにいっているあたりは、いままでいじめられた警察に復しゅうしたわけか……」

■思考の道具箱■記者座談会

全国紙や地方紙の新聞記事は、論説委員たちが意見や見解を書く論説や社説と、一般の取材記者が事実に基づいて書くニュース記事に大別される。後者は客観的であることが求められ、記者は記事を書く際、じぶんの意見を書かない。だが、取材記者たちがざっくばらんに語り合う記者座談会という形式の記事がある。大きな事件や事故の際に掲載されることが多く、ニュース記事に載せられなかった事件の背景や本音、裏話などが匿名で記される。

●――やましさや贖罪感（しょくざい）はあったか

社会の不条理や矛盾を訴える犯人や容疑者の声をどう報道するか。なにが正義で、なにが不正義なのか。金嬉老事件で新聞各社が紙面を通じて深い議論をした形跡はほとんど見られない。

マスメディアは、弱者の痛みも社会の病根も深く掘り下げることなく、新聞でいえば「1面左肩」「社会面トップ」、テレビでは「全国中継トップ」「ローカル3番手」のように格付けし、ニュースを処理することにエネルギーを費やしがちだ。年がら年中、締め切り時間に追われ、競争に駆り立てられる記者たちが、事件の背後にある社会病理を考えるのは難しいのか。本田靖春は『私戦』の「文庫版のためのあとがき」で、こうも書いている。[9]

「十六年間の記者生活の大半を社会部で過ごして、その歳月が私に教えたものは、犯罪の二文字で片付けられる多くが社会の暗部に根ざした病理現象であり、犯罪者はしばしば社会的弱者と同義語である、ということである。／そのような認識に立って、事件をトータルにとらえ、問題のありかを深く掘り下げるのが、ジャーナリストに求められている仕事ではないのか」

それは正論である。だが同時に、理想論であるかもしれない。

金嬉老事件について、政治団体「一水会」元最高顧問の鈴木邦男は「民族差別と言われれば、日本人は皆、口を噤むしかない。贖罪感で胸が一杯になり、疚（やま）しさで、一言も言い返せなかった」と述べる[10]。だが、あの事件を、鈴木のように受け止めた人は、いったいどれくらいいただろう。リップマンが言ったように、読者・視聴者もメディアも「だれがヒーローでだれが悪役か」ばかりに注目し、猟奇的なニュースを消費しただけではなかっただろうか。

●——初の劇場型犯罪

金嬉老事件は、じぶんの主張をマスメディアを通じて伝える「劇場型犯罪」の第1号であった。本田の作品や金嬉老本人の自伝をもとに、金嬉老と報道機関とのかかわりをふり返ってみよう[11]。

金嬉老は1968年2月、静岡県清水市（現在静岡市）のクラブで暴力団員2人を射殺後、ライフルとダイナマイトを携えて静岡・寸又温泉の温泉旅館に押し入り、深夜、静岡新聞社に電話して籠城までの経緯を記者に伝えた。

翌朝、テレビ朝日「モーニングショー」司会者の木島則夫から旅館にかかってきた電話に金嬉老本人が出て、生番組で差別の問題を訴えた。直後に突撃取材に訪れたTBS城所賢一郎の取材も受けた。さらに、前夜に警察を通じて呼び寄せたNHKと静岡新聞の訪問を受けた金嬉老は、NHK記者村上義雄と静岡新聞記者大石嘉久に、自身の境遇や事件の背景を、時間をかけて説明した。

特筆すべきは、静岡県警本部長と警察官が二度にわたりテレビを通じて金嬉老に謝罪したことだ。自分を脅していた暴力団員と在日朝鮮人との喧嘩に介入した「小泉」という刑事が差別的な暴言を吐いたという。金嬉老は籠城した旅館の壁に「小泉刑事　お前が言ったことばはおれの心に大変な影響を及ぼした」と書いていた。

●――犯人に群がる取材陣

ドラマチックな展開に、報道各社は記者を大量投入。多いときで50人ほどの記者が金嬉老に密着して取材を続けた。当時の異様な光景を金嬉老は自伝で次のようにふり返っている。

「私にサイン（署名）を求めてくる記者や、私の肩を揉んでくれる者もいました。／（中略）カメラとテープレコーダーを置いていった記者もいました。／（中略）『金さん、これ差し入れだよ。頑張ってよ』コーラやビール、お菓子などを入れた段ボール箱を持ってきて、そのまま部屋に居座ってしまった記者もあった」

金嬉老は籠城から88時間後、記者に扮して近付いた刑事に逮捕された。そばにいた記者たちも警察に加勢して金嬉老を取り押さえた。刑事が腕に巻いていた報道腕章は、新聞社が警察に提供したものだった（腕章貸与問題は〈CASE2〉を参照）。

犯人の主張がマスメディアを席巻した例としては、1980年代の「グリコ・森永事件」がある。1984年3月、江崎グリコが脅迫されたのを皮切りに、森永製菓、ハウス食品など有名企業が相次いで脅迫された。在阪の新聞各社は「かい人21面相」を名乗る犯行グループから「挑戦状」が届けられてくるたび、全文を紙面に掲載した。だが、その一方で、「在阪七社社会部長・報道部長会」が報道協定を結んで警察に協力していた。[12][13][14]

報道機関への「挑戦状」といえば、1988年から89年にかけて4人の女児が襲われた東京・埼玉連続幼女誘拐殺人事件や、97年に起こった神戸連続児童殺傷事件でも大きく報道されたが、グリコ・森永事件とおなじく、報道機関を道具として利用するだけで、命がけで差別問題を訴えた金嬉老のメッセージとは質的に異なる。

●――ゲリラの言い分にも理

犯人側が圧政に対して批判的なメッセージを発した事件として挙げられるのは、1996年12月に起こった在ペルー日本大使公邸占拠事件だ。この事件では、左翼ゲリラ「トゥパク・アマル革命運動（MRTA）」が、当時のフジモリ政権に対して新自由主義的な経済政策の転換や、収監されている仲間の釈放など4項目を要求した。「テロ」に対する強硬な論調が目立つ読売新聞社も、事件発生から約2週間後に掲載した特派員座談会で、MRTAのフジモリ批判に耳を傾ける意見を記している。[15]

「リマの郊外には広大な貧民街が広がっている。大統領は海外資本の導入を推進して、国内民間企業の経営を追い詰めた。財政赤字の原因だった国営企業の民営化を進めて、一層の失業増大も招いた。政権の政策で、貧富の格差が拡大したと、ゲリラが主張するのも一理ある」

当時の大統領アルベルト・フジモリ大統領はMRTAを「テロリスト」と呼んだが、実行犯のなかには事件直前までジャングルにいて満足な教育を受けられなかった少女や、[16]人質から日本語を習っていた人なつっこい少年もいたという。そんなゲリラたちの実像は、現場で取材をした記者たちよって明らかにされた。ただ、この事件では、金嬉老事件と対照的だったのは、公邸内に足を踏み入れたジャーナリストが一握りしかおらず、取材した記者が取材をしなかった報道機関から批判されたことだ。

■思考の道具箱■ゲリラとテロリズム

ゲリラは、もともと強大なナポレオン軍に対してスペイン軍が用いた奇襲戦を意味する。ゲリラ戦の「伝説」を作った人物に、エルネスト・チェ・ゲバラがいる。他方、テロリズムは政治目的を達成するため暴力をもちいて恐怖を与える考え方やその行為。フランス革命期にジャコバン派が反対派を弾圧した恐怖政治に由来する。今日では「テロ対策特別措置法」など、平穏な暮らしを脅かす殺人や犯罪に対して融通無碍に用いられる。

●——犯人への直接取材

ＭＲＴＡも人質も取材者の来訪を望んでおり、[17][18] まず共同通信の原田浩司が会社の名前を大きく書いた紙を掲げて公邸に入って取材した。それから約１週間後、テレビ朝日系列のＡＮＮ特派員人見剛史が同じように公邸に入った。ただし原田のときとは異なり、人見はペルー国家警察テロ対策本部に逮捕され、取材メモなどを押収された。

人見の取材は報道各社からバッシングされた。たとえば、読売新聞社説は「冷静で落ち着いた空気を保つことに全力をあげる時なのに、テレビ記者らの行為は人々の願いを踏みにじるものだ」と批判。[19] 毎日新聞社説も「自分たちの主張を公邸から直接、宣伝したがっているのはゲリラ側である。メディアが競ってこれに飛びつけば、ゲリラ側はさらに人質を長期間、拘束しようとする」などと、ペルーや日本の政府と見まがうような議論を展開した。[20]

これに対し、原田浩司は「いかなる政府の批判があろうとも、ジャーナリストは最後まで『命の保証人』であるべきだ」と反駁、[21][22] じぶん以上に苛烈なバッシングを浴びた人見剛史について「人見記者は臆することはない。リスクを冒してまでジャーナリストとしての責務を果たそうとしただけなのだから（中略）安全なところに身を置いた者からの、根拠の薄い批判に耳を傾ける必要はない」と徹底擁護した。[23]

[注]

［1］西日本新聞社社会部「事件と人権」取材班編『容疑者の言い分：事件と人権』西日本新聞社、１９９３年

［2］プレスネット「新聞協会賞受賞作」日本新聞協会ホームページ（http://www.pressnet.or.jp/about/commendation/kyoukai/works.html ２０１７年５月11日取得）

［3］ウォルター・リップマン河崎吉紀訳『幻の公衆』柏書房、２００７年、46頁

［4］ハワード・Ｓ・ベッカー『完訳　アウトサイダーズ：ラベリング理論再考』村上直之訳、現代人文社、２０１１年

［5］アーヴィング・ゴッフマン『スティグマの社会学：烙印を押されたアイデンティティ　改訂版』石黒毅訳、せりか書房、２０

01年
[6] 本田靖春『私戦』河出文庫、1978年、379頁
[7] 朝日新聞「売名に異常な喜び　金という男　ここ20年の大半、刑務所暮らし」1968年2月24日朝刊
[8] 朝日新聞「記者座談会　ライフル男事件を考える」1968年2月25日朝刊
[9] 本田前掲書382頁
[10] 鈴木邦男「言論の覚悟 金嬉老事件再考」『創』2005年1月号80-83頁
[11] 金嬉老『われ生きたり』新潮社、1999年
[12] 古野喜政「ドキュメント「グリコ・森永事件」報道協定」『新聞研究』1985年2月号、26-32頁
[13] 宝子山幸充「「グリコ・森永事件」報道協定をめぐる動き」『新聞研究』1985年2月号33-37頁
[14] 毎日新聞「報道協定　事件の悪質さ考慮　異例の措置、慎重に決断」1984年12月11日
[15] 読売新聞「ペルー人質事件　政府、ゲリラに狭まる選択肢／特派員緊急座談会」1996年12月29日朝刊
[16] 読売新聞「ペルー人質事件　「脅されなかった」　解放のマレーシア大使が強調」1996年12月31日朝刊
[17] 共同通信社ペルー特別取材班編『ペルー日本大使公邸人質事件』共同通信社、1997年
[18] 齋藤慶一『人質127日：ペルー日本大使公邸占拠事件』文藝春秋社、1998年
[19] 読売新聞「状況への認識欠いたテレビ取材」1997年1月9日朝刊、「テレビ朝日の驚くべき現状認識」1997年2月16日朝刊
[20] 毎日新聞「ペルー人質事件　テレビ記者の愚挙を憂う」1997年1月9日朝刊
[21] 原田浩司「ジャーナリストは最後の保証人：ペルー日本大使公邸人質事件に関する一考察」『新聞研究』1997年5月号67-71頁
[22] 原田浩司「公邸内取材を敢行したカメラマンの特別手記：日本のメディアが自殺した日：公邸内取材バッシングへの反論」『創』1997年5月号106-113頁
[23] 原田浩司「われ、ペルー大使公邸に突入せり」『新潮45』1997年4月号50-68頁

【参考文献】

林鴻亦「テロ報道と国家暴力」『社会学研究科年報』2003年10号
「安倍政権のテレビ「支配」　NHK籾井会長、職員全員に箝口令　言論守る放送法「圧力」の道具に」『週刊朝日』2015年5月22日号
朝日新聞「総務相、電波停止に言及　公平欠く放送と判断なら」2016年2月9日朝刊
朝日新聞デジタル「高市総務相「テロ参加呼び掛ける番組は放送法に抵触」」2016年2月11日

CASE：019
宗主国の記者は植民地で取材できるか

1　思考実験

「いい人ぶってもダメだよ。もう帰って」少年はドアを乱暴に閉めた。唐突な取材拒否だった。少年の豹変に困惑した。このまま引き下がったら、一か月に及ぶ現地ルポの企画記事が水の泡になりかねない。

旧植民地だった地域の困難を、無垢な少年に寄り添い描き出す――。わたしは編集局の企画会議でそう説明した。この地域はリゾート施設が立ち並ぶ観光地として知られているが、かつて戦火にさらされ、現在も軍事基地の負担を強いられていることは見過ごされがちだ。特定地域の人々の苦痛を広く伝えることは報道の使命。そんな思いから、わたしはこの村に仮住まいを続け、密着取材してきた。

「なぁ、どうしたんだい」わたしはドア越しに声をかけた。

ややあって、鼻をすすりながら少年が答えた。「だって、おじさんも、この村をめちゃくちゃにした国の人なんでしょ。じいちゃんとばあちゃんは、戦争で、おじさんたちの国の兵隊に殺されたんだ。おじさんの名前、おじさんの顔……、みんな〈カガイシャ〉じゃないか」

カガイシャ……、加害者。その言葉が突き刺さる。

この一か月、わたしは、彼の振る舞いに目を凝らし、彼のつぶやきに耳を澄まし続けてきた。ときにボール遊びや相撲の相手になり、家族からの信頼も得てきたつもりだった。

ドアが開き、中年の女性が現れた。「悪いけど、これ以上は無理」彼女は少年の伯母と名乗った。「あんたを複雑な気持ちで眺めている村人は何人もいるんだ。あんたらとわたしらとの間には、けっして越えられない溝があるのさ。坊やも、坊やの父親も、あんたのせいで学校や職場で嫌な思いをしはじめてる」

なんてことだ。自分の指先が冷たくなっていくのを感じた。わたしの存在が迷惑を及ぼしていたとすれば、取材の方法を変えるほかない。

「たしかに、ぼくは旧宗主国で生まれ育ちました。顔かたちや習慣も違います。でも、記者だ。ぼくを、生まれや育ちではなく、行動で評価してくれませんか」

伯母は、ふん、と鼻を鳴らした。「あんたらの国が起こした戦争で、この村の四人に一人が死んだんだ。戦争が終わったら、こんどは目と鼻の先に軍隊が駐屯してきた。おかげで流れ弾は飛んでくるし、兵隊はときおり事件も起こす」

彼女の言うとおりだ。旧植民地はずっと苦汁をなめさせられる。その問題に心を痛めたからこそ、この村をルポしようとしているのだ。わたしは頭を下げた。伯母の後ろに隠れていた少年と目が合った。昨日までの屈託ない笑顔は消えていた。

「ぼくには記事を書く資格がない、ってことですか」

「よそ者で、立場に鈍感な人はお断りだね」彼女は胸の前で腕を組んで言った。

「上司にかけあって、村人を不安にさせない記者さんを、かわりによこしてくれないかね」

[A] 地元出身の記者と交代する立場

ここでの取材は、旧植民地出身の記者と交代するべきだろう。わたしの風貌や態度はどうみても旧宗主国側の人間なのだ。わたしが快く思われていないのであれば、これ以上の取材は困難だ。礼儀をわきまえよう。

[B] 地元出身の記者と交代しない立場

旧宗主国側の人間だからという理由で交代してはいけない。この地域で憎まれる存在であれば、なおのこと取材を続けるべきだ。わたしには植民地支配の恩恵を受けている旧宗主国にこの地域の実情を伝える義務がある。

2 異論対論［B］地元出身の記者と交代しない立場

たんに取材が浅く、努力が足りないというだけだ。もっと信頼されるよう誠実な態度を示すしかない。旧宗主国の人間はこの取材から手を引けと言われ、「はい、そうですか」としたがっていたら仕事にならない。わたしは旧宗主国向けに仕事をするのではなく、この地域の人たちを含む不特定多数の国民の「知る権利」のために働く記者なのだから。

反論

どこで生まれた、どんな顔をしている、男か女か……。そんな記者の属性だけで取材対象を限定してしまったら、社会の分断や差別を肯定することになる。旧植民地の少年の目で過酷な現実を「告発」するだけでなく、いっそのこと、わたしという旧宗主国側の記者の勘違いと、そこから学んだ「教訓」も記事にしてみよう。アプローチはいろいろある。

再反論

旧宗主国による不正義を白日の下にさらけ出したい。もちろん、わたしには加害側の人間という属性があることは否定できない。ただ、そこから逃げるのではなく、そのことも包み隠さずに伝えることが誠実な報道だと思う。旧宗主国からやってきた記者が、村人の憤りや恐怖をかき立てていた。それを記事にして旧宗主国に伝えるのは、むしろわたしの使命だ。

2 異論対論 ［A］地元出身の記者と交代する立場

取材先の家族に迷惑をかけていたのは反省したい。嫌がっている人に取材を無理強いするのは一種の暴力になる。企画段階で意図していたとおりには取材が進まなかったということだ。別の記者に引き継げるかどうかは上司に相談しないとわからないが、旧宗主国出身者のわたしは適任でなかった。それを今回は認めよう。

反論

わたしは記者だが、マジョリティの属性をもっている。どんな人間にもかならず属性がある。性別、年齢、民族、生育地……。それらは人生観や世界観の形成に直結する。村人に見えているものがわたしには見えないのだとすれば、この地域出身のマイノリティの記者に取材を交代するのが理にかなっている。

再反論

記者としてこんな失敗をして、こんなふうに反省しました――。そんな私的な悔恨を記事にしたとしても、自己弁護の域を出ないだろう。わたしに対しておびえを感じた少年をこれ以上、抑圧したり利用したりしてはいけない。少なくとも、わたしは疑念をもたれているのだ。記事を書くのは時期が悪すぎる。

3　実際の事例と考察

マスメディアの取材記者は原則的に黒衣(くろご)——。記者たちは主観を交えず、客観的かつ中立的に記事を書くよう訓練される。事実を伝えるだけのシンプルな報道（ストレートニュース）は、どんな記者が担当してもさして変わらない。

マスメディアによるバイアスのないニュースが社会にいきわたれば、国民は正しい判断を下せるというのが、アメリカの報道界に多くみられる「報道の客観主義」だ。その思想的背景には、古典的自由主義のイデオロギーから生まれた「思想の自由市場」という理論がある。この考え方にしたがえば、取材者は常にニュートラルでなければならない。

しかし、記者は監視カメラではない。取材者と取材対象とのあいだには相互行為が生じる。インタビュー記事が「聞き手と受け手との共同作品」といわれるのは、そのためだ。相手の言葉を上手に引き出せるかどうかは取材者の力量に負うところが大きい。

ただし、優れた取材者も生身の人間なので、じぶんに自覚がなくとも相手になんらかの印象をもたらしてしまう。なにより変更できない属性がある。性暴力のため男性不信に陥った女性は、男性記者とは会いたくないだろうし、戦争で家族を殺された人たちは加害側の国から来た記者を前に心穏やかでいられない。

●——アイデンティティとポジショナリティ

こうした取材者と被取材者との問題を考えるとき、アイデンティティとポジショナリティという概念が問題を考える補助線になるかもしれない。

アイデンティティは「自己同一性」などと訳される。身分証明書の一種であるＩＤカードの「ＩＤ」は、アイデンティティの省略形だ。ここではアイデンティティを「本人が意識しているじぶんの属性のようなもの」と理解しておこう。

社会生活を営むうえで、わたしたちは複数の属性を自覚する。ジェンダー、国籍、瞳や肌の色などは、じぶんで選択できない属性だ。他方、変化する属性もある。子供が親になったり、健康な人が病人になったり。職業が変わる場合もある。時と場所とともに変化する自己意識もアイデンティティの特徴だろう。

ところで、アイデンティティは他者と自分を区別する概念でもあるため、非対称な権力関係を見せつけることがある。たとえば、病院の入院患者が、医師と会話するときの心理は、隣のベッドにいる患者と会話をするときと異なるはずだ。

マスメディアの記者も同じで、名もなき一般市民とのあいだには非対称な関係が生じやすい。読者や視聴者の数が多い全国メディアの記者には絶大な影響力がある。地方紙や地方局の記者も地元地域では強い権力性を帯びることが少なくない。そんな関係性を示す概念が「ポジショナリティ」だ。

『オックスフォード辞典』には、社会学用語として「他者との間に生じる特異な立場性で、文化や民族、ジェンダーの問題で言及されることが多い」と記されている。[1] 社会学者の池田緑はポジショナリティを「所属する社会的集団や社会的属性がもたらす利害関係にかかわる政治的な位置性」と定義し、[2]「アイデンティティと相互作用をもち、しかし、アイデンティティではとらえきれない領域を問題化する概念」と説明している。[3]

ポジショナリティをめぐる議論は、ジェンダーやポストコロニアリズムなどの研究領域でさかんに論じられてきたけれども、[4] それがジャーナリストによって参照され、取材倫理に組み込まれてきたとは言いがたい。

●——マージナルマン

取材対象との関係を強く意識させられる機会が多いジャーナリストは、社会学でいう「マージナルマン」に類型化される人たちだ。マージナルマンとは『デジタル大辞泉』によると「文化の異なる複数の集団に属し、そのいずれにも完全には所属することができず、それぞれの集団の境界にいる人」である。

取材者であるというだけでなく、別の属性を強く意識させられたジャーナリストの代表例は「草分けの女性新聞記者たち」だろう。女性史研究家の江刺昭子によれば、明治・大正期の女性記者は、記者としても女性としても特異な存在だった。[5] 現在も、マイノリティの出自をもち大手メディアで記者をしている人や、[6] 植民地主義の犠牲になった地域のメディアで働く旧宗主国出身の記者たちは、自分のポジションについて敏感にならざるをえない。

ジャーナリストがポジショナリティを問われた事例はいくらもあるはずだが、ここでは植民地問題に関連する事例に絞って考えてみたい。

自分の国の政府を「侵略者」「抑圧者」と憎悪する人々が暮らす地域で取材を続けるユダヤ人ジャーナリストがいる。イスラエルの新聞『ハアレツ』記者アミラ・ハスは、1990年代からパレスチナ自治区に移住し、占領下の人々の実情をイスラエル国民に報告している。[7]

なにが彼女を占領地の取材に駆り立てるのか。ジャーナリストの土井敏邦は2005年、ハスへのインタビューをウェブサイトで公開した。[8] それよると、ハスは記者になる前、パレスチナ人の労働者を支援するNGOのメンバーとしてガザ地区で活動し、もともと住民とのあいだに信頼関係があった。彼女自身、自国の占領政策に明確に反対の立場を表明し、客観中立を装う報道を厳しく批判している。

「すべてのジャーナリストは報道するとき、それぞれの意見を持っているものです。もし自分の意見を持たないとしたら（中略）そのこと自体が大きな問題です。だれも『客観的』などではありえないのです。重要なことは読者がその意見を知ることです。私は占領に反対です。それを隠して記事を書く意志はありません」

●——パレスチナのユダヤ人、沖縄のヤマトンチュ

パレスチナでは、イスラエルやユダヤ人を憎悪する人は多いが、ハスは自分の民族や国籍を隠そうとしない。イスラエル国籍のユダヤ人の新聞記者がパレスチナに暮らして長期的に取材する意義はどこにあるのか。土井の問いにハスはこう述べる[9]。

「私はそれほど〝パレスチナ問題〟について記事を書いているつもりはありません。まさに〝イスラエルの問題〟を書いているのです。（中略）パレスチナ人は生活のすべての面でイスラエルのコントロール下にあります。占領の操作、植民地政策など占領下のパレスチナ人に関するいかなる事柄も、直接、〝イスラエルの問題〟なのです」

ハスと同じような眼差しで占領下の沖縄を取材し続けた日本人ジャーナリストがいる。生まれも育ちも東京という森口豁（かつ）は東京でおこなわれた琉球新報社の入社試験を受けて合格し、大学を中退して１９５９年、復帰前の沖縄に移住した。森口を沖縄に向かわせたのは、沖縄出身の友人と沖縄を訪れ、同世代の若者が直面している困難にショックを受けたことだった。

沖縄では沖縄の人をウチナーンチュ、本土の人をヤマトンチュと区別する慣わしがある。琉球王朝以来の独自の文化をもつウチナーンチュは江戸末期以降ヤマトの支配を受け、太平洋戦争で甚大な犠牲を強いられ、敗戦から27年間アメリカ軍の支配下に置かれたため、本土に複雑な思いを抱く人が少なくない。そんな沖縄で、森口は初の〝ヤマト出身記者〟になった。

■思考の道具箱■ポストコロニアリズム

植民地主義の犠牲になった国や地域が、解放された後も、旧宗主国の遺制のためさまざまな困難に直面していることを暴こうとする思想やその実践。政治、経済、文学、民族、宗教、ジェンダーなど多様な研究者から論及されてきた。ポストコロニアルとも呼ばれる。代表的著作に、エドワード・サイード『オリエンタリズム（上・下）』（平凡社、1993年）、フランツ・ファノン『黒い皮膚・白い仮面』（みすず書房、1998年）、ホミ・K・バーバ『文化の場所：ポストコロニアリズムの位相』（法政大学出版局、2005年）、G・C・スピヴァク『サバルタンは語ることができるか』（みすず書房、1998年）。

琉球新報社に5年あまり在籍したあと、森口は日本テレビの「沖縄特派員」に転じて計15年、沖縄で暮らした。日本テレビでは数々のドキュメンタリーを作り、ヤマトに送りつづけた。森口は沖縄滞在を自著で振り返る[10]。

「……沖縄からは〈本土〉がよく見える。本土に住んでいては気づかない〈本土の実像〉が、沖縄にいるとよくわかる。その意味では、私は沖縄に来て〈沖縄〉を知ったというよりも、むしろ〈日本〉を知ったといってよいかもしれぬ」

ハスと共通するジャーナリストとしての言葉だ。だが、森口は同じ自著にヤマトンチュという属性ゆえの罪悪感を綴った[11]。

「……最後の送別会の終わりぎわに、大声をあげて泣いてしまったのは、自分がやっぱりヤマトんちゅでしかありえなかったことの悔しさと、ウチナーんちゅへの心からの贖罪の意識からのことだ」

●――「よそ者」の役割

森口の時代から時を経たいまも、沖縄にはポジショナリティを自問自答し続けるヤマト出身の記者は少なくない。

東京の大学を卒業して沖縄タイムス記者になった東京出身の阿部岳は、自著のエピローグにこう記している[12]。

「……縁もゆかりもないまま始まった沖縄での記者生活。最初の頃は、本土出身である後ろめたさから先輩や取材相手に『本土から来てすみません』とばかり言っていた。（中略）空回りのもっと根本の原因は、謝罪しながら実際は許しを求めていたことにあったのだと思う。『すみません』と言いながら、『いいよ』と言ってもらうことを無意識に望んでいた。はた迷惑な承認欲求であり、自己満足であり、甘えであった」

2000年代に入り「在日特権を許さない市民の会」（在特会）を名乗る団体が、各地でヘイトスピーチを繰り返すようになった。拡声器片手に街角や朝鮮学校に出向いては、差別発言をまき散らしてきた。彼らの標的は在日だけはなく、沖縄で基地反対運動に取り組む市民や地元新聞も含む。阿部は、そんな在特会をはじめ、「保守」を自称する作家の百田尚樹などから標的にされ、繰り返し恫喝されている[13]。

沖縄タイムス社のライバルである琉球新報社に、阿部と同じく東京出身の松永勝利がいる。松永も本土出身者という立ち場の問題について煩悶し続けてきたひとりだ。

「ヤマトンチュも何もないだろ、って感じで。自分のなかに言い聞かせていた。けれども、沖縄出身の沖縄人の記者からみると、たぶん俺は、ある意味、立ち位置が違ってるって思われていたんですね。（中略）そこを俺はごまかしてやってたんですよ。そこをちゃんと見つめなければ、向き合わなければ、ほんとの味方の、沖縄のためにやってるって言えないなあと思ったんですよ[14]」

松永は1冊の本に出会い、自分の立ち位置を確認し、救われたという。それは沖縄出身の社会学者野村浩也が、ポストコロニアリズム理論から日本人の責任を問うた本で[15]、沖縄社会に溶け込んでいるつもりのヤマトンチュに対し厳しい批判が記されていた。

先述の阿部も松永も、みずからを「よそ者」と認識し、その立場性ゆえに貢献できる役割を見いだそうとしている。そんなマージナルマンたちの存在によって、沖縄のジャーナリズムは強みを増している。

［注］

［1］Definition of *positionality* in English by *Oxford Dictionaries.* (https://en.oxforddictionaries.com/definition/positionality ２０１８年3月30日取得)

［2］池田緑「ポジショナリティ・ポリティクス序説」『法学研究（慶應義塾大学法学研究会紀要）』２０１６年89巻2号３１８頁

［3］池田緑「ポジショナリティの混乱と「対話」ならびに「政治」の可能性：沖縄と日本の事例から」『社会情報学研究（大妻女子大学紀要）』２０１５年24号16頁

［4］姜尚中編著『ポストコロニアリズム』作品社、２００１年、上野千鶴子編『脱アイデンティティ』勁草書房、２００５年、野村浩也『無意識の植民地主義』御茶の水書房、２００５年、ほか

［5］江刺昭子『女のくせに：草分けの女性新聞記者たち』インパクト出版会、１９９７年

［6］林瑛香「主流メディアにおけるマイノリティ・ジャーナリストの困難性：在日コリアン記者のインタビュー調査を通して」『マス・コミュニケーション研究』２０１４年84号１５１-１６８頁

［7］『ハアレツ』の英語版ウェブサイト（http://www.haaretz.com/）でAmira Hassを検索すると、彼女の記事が読める。

［8］土井敏邦「アミラ・ハスへのインタビュー」土井敏邦ＷＥＢコラム、２００５年2月（http://www.doi-toshikuni.net/j/column/200502-amira.html ２０１８年4月1日取得）。土井によれば、ハスの両親はホロースト の生存者。２００４年にアンナ・リンド人権賞、２００９年に国境なき報道者賞などを受賞している。

［9］前掲インタビュー

［10］森口豁『沖縄こころの軌跡 １９５８～１９８７』マルジュ社、１９８７年、35頁

［11］森口前掲書92頁

［12］阿部岳『ルポ沖縄国家の暴力：現場記者が見た「高江１６５日」の真実』朝日新聞出版、２０１７年、１９７頁

［13］阿部岳「［大弦小弦］作家の百田尚樹氏から「悪魔に魂を売った記者」という異名をいただいた…」『沖縄タイムス』２０１７年11月6日

［14］２０１７年9月1日、琉球新報社でのインタビュー

［15］野村浩也『無意識の植民地主義』御茶の水書房、２００５年

［参考文献］

知念ウシ『シランフーナー（知らんふり）の暴力：知念ウシ政治発言集』未來社、２０１３年

小森陽一『ポストコロニアル』岩波書店、2001年
野村浩也『植民者へ：ポストコロニアリズムという挑発』松籟社、2007年
岸政彦『同化と他者化：戦後沖縄の本土就職者たち』ナカニシヤ出版、2013年
アミラ・ハス『パレスチナから報告します：占領地の住民となって』くぼたのぞみ訳、筑摩書房、2005年
エドワード・W・サイード『イスラム報道』浅井信雄・佐藤成文・岡真理訳、みすず書房、1996年
新城郁夫・鹿野政直『対談 沖縄を生きるということ』岩波書店、2017年

■思考の道具箱■倫理規定

自社で独自の倫理規定をもうけている報道機関は少なくない。「行動基準集」や「ルールブック」など呼び名はさまざまだが、その社で仕事をする者すべてが守らなければならない事項が列挙されているはずだ。そういう文書を入社時に示されれば、早く一人前の取材者になろうとするまじめな人ほど、それを遵守するのが当然と受け止める。

だが、それらはどんな理由から、なにを目的に作られたかを熟知しているジャーナリストはどれくらいいるだろう。

倫理規定は欧米の新聞社や放送局でも数多く作られているが、イリノイ大学のクリフォード・クリスチャンズは、規定を記者たちに機械的に守らせるだけでは逆効果になると警告する。

規定が自社のPRやリスク回避を目的としていたり、経営者らを罰則から免除していたりすることもあるようだ。クリスチャンズによれば、道徳や倫理の理論と取材現場で発生しているジレンマの調査を積み重ね、組織の成員すべてが自発的な倫理観を磨ける仕組みの重要性を強調している。

（参考文献　クロード-ジャン・ベルトラン編著『世界のメディア・アカウンタビリティ制度：デモクラシーを守る七つ道具』前澤猛訳、明石書店、2003年、112-135頁）

CASE：020
AIの指示に従って取材する是非

1　思考実験

そう遠くない未来——。

旧態依然とした新聞社に見切りをつけたわたしは、ネット報道で成長中のＩＴ企業に転職して一年が過ぎた。

出社初日のことは、いまもはっきり覚えている。その朝、研修担当の初老の記者から「うちではこいつとコンビを組んでもらうから」と編集端末を手渡された。ありきたりなノートパソコンに見えた。スイッチを入れると、画面に「きょうから私が相棒です。よろしく！」という文字列がふわっと浮かび上がった。

「さて、ぼくの仕事はこれで終わり」研修担当の記者は苦笑した。「これからはその相棒になんでも聞いてくれ。ぼくより賢いから」

そういって彼が席を立って背中を向けたとき、画面に人の顔が現れ「彼は早晩お払い箱ですよ」と笑った。研修担当者自身が、わたしを驚かせるために仕組んでいた悪ふざけだった。

Ｓｉｒｉ（シリ）やＡｌｅｘａ（アレクサ）など対話型の生活支援プログラムは普及済み。前に勤めていた古い新聞社でも、スポーツ記録や株式市況などのデータはコンピューターが自動処理していた。だが「相棒」と名付けられたこの会社のＡＩはレベルが違う。取材編集に特化した自己学習プログラムで、常時いくつもの公的情報データベースに接続し、記者たちを強力に支援してくれるのだ。

入力ミスの指摘や固有名詞、数字のチェックは言うまでもない。記事中に統計データを使いたいと思ったとき、一声かければ表やグラフを瞬時に出す。「昨年のウナギの輸入量は何トンになるかなあ」と問えば、数字だけでなく「うな丼にすれば〇〇食分」など、気の利いたフレーズまで用意してくれる。

そんな「相棒」を日々鍛えているのは、三百人の記者と編集者の仕事から蓄積される大量のデータだ。「相棒」は企画から取材、編集、訂正など、編集局員の業務活動で得られる知識を学習し、使うほどに賢くなる。この会社が、行政、法律、医療、軍事などさまざまな分野の経験者を中途採用してきたことも、幅広い知の収集に役立っている。

古いタイプの記者であるわたしも「相棒」を頼りにしはじめた。

「このドギツイ表現、訴えられるかな」「季節モノの記事を書くんだけど、おすすめの場所は？」無難な答えしか返ってこないが、的を大きく外すことはない。わたしが調べそうな情報をあらかじめ収集したり、簡単な原稿なら下書きを作ってくれたりもする。

ただし、問題もある。みながAIに頼りすぎなのだ。先日退社した同僚は「AIの言いなりになるのが耐えられなくなった」と話していた。

わたしは自席の編集端末で「相棒」を呼び出した。「三十分後にX社の社長インタビューです」

推奨する質問とその順番は、次の二十項目です」

質問が画面に並ぶ。それらは、わたしが聞こうと思っていた事柄と一致していた。

[A] AIに頼って取材する立場

AIが推奨する質問のとおりに取材しよう。それらの質問は、わたしが考えていたのと同じなのだから問題もない。わたしがAIに隷従していることにはならない。

[B] AIに頼らずに取材する立場

気になった以上、今回はAIと距離を置くべきだ。AIが推奨する質問はいったん頭から消し、インタビューは相手との会話の流れにまかせよう。

2　異論対論［B］AIに頼らずに取材する立場

古来より利便性と危険性とはトレードオフの関係だった。ワープロの登場で漢字が書けなくなった人がいたように、人間はAIからなにかを得るかわりに、じわじわとなにかを失う。高い自律性を求められる記者が、AIに監視されたり誘導されたりしてはならない。AIが社会に及ぼす影響は未知数なのだから。

反論

AIがこれまでの技術と違うのは、認知や判断に大きく影響することだ。その潜在力ははかり知れず、制御不能になる危険性もある。むしろAIは、ジャーナリストが監視すべき新しい権力である。そもそもAIがデモクラシーの当事者にはなれないのだ。そんなものにジャーナリズムを担わせてはならない。

再反論

AIには設計者の思想や願望が込められている。つまり、恣意性が働く。300人の記者たちが、たったひとつのAIに左右されるというのは恐ろしいことだ。ゲームのAIは対局者に勝つこと、交通機関のAIは効率的な輸送を目的にしていてわかりやすい。だが報道支援のAIの判断や提案は、社会全体のあり方そのものに直結する。だから注意を要するのだ。

2 異論対論 ［A］AIに頼って取材する立場

AI は人間のように会話するが、そこに人格はない。いわば、人々の「経験知」の集積体である。つまり、AI が推奨した質問を用いることは、この会社で働く記者たちの知恵を借りるのと同じ。上司や先輩からアドバイスを聞いて仕事をこなすのと変わりない。AI が指示するとおりに取材をしても、なんら問題はない。

反論

報道の目的は、民主主義や自由、人権に寄与する情報を届けることだ。その目的達成のため、報道各社は伝書鳩にはじまり、電波やネット、デジタル機器など、いつの時代も最新技術を使ってきた。取材を支援する AI だけを拒むのはじつに愚かだ。AI 時代の記者は、AI とともに成長していくべきではないか。

再反論

将棋や囲碁に特化した AI が作られ、プロ棋士たちも強くなった。旅客機に自動操縦プログラムが搭載されたが、操縦士は高度な知識と技能を失っていない。ジャーナリストも同じで、AI を前提とする社会に適応しなくてはならない。批判的な視点を失わず、うまく付き合っていくことが大切。もっと前向きに考えてもいい。

3　実際の事例と考察

人工知能(AI)研究者の松尾豊によると、AIの定義は研究者によって微妙に異なる。[1] たとえば、京都大学名誉教授の長尾真は「人間の頭脳活動を極限までシミュレートするシステム」と述べ、慶應義塾大学の山口高平は「人間の知的なふるまいを模倣・支援・超越するための構成的システム」と定義する。これらの言葉からうかがえるのは、人工知能の研究目的は、脳や知性の理解である。

他方、京都大学の西田豊明は、ずばり『知能をもつメカ』ないしは『心を持つメカ』がAIの定義だと述べ、公立はこだて未来大学の松原仁は「究極的には人間と区別がつかない人工的な知能」と説明する。「心を持つメカ」という西田の言葉から連想されるのは、手塚アニメの鉄腕アトムや『スターウォーズ』のC-3POのような存在だろうか。一方、人間との境界が不明瞭なものになるという松原のまなざしは、アイザック・アシモフ原作の映画『アンドリューNDR114』や『ブレードランナー』にこめられた人間とはなにかという問いを突きつける。

むかしのSF小説や映画を振り返れば、21世紀には人工知能を搭載したロボットやアンドロイドが活躍していることになっている。ジャーナリズムの世界もいつかは、ロボット記者がスポーツ結果や経済データにとどまらず、戦場や汚染された地域などでの過酷な取材に従事するようになるのかもしれない。

そんな空想をよそに、メディア企業はすでに効率化や合理化のためAIを利用しはじめている。そして、それらがジャーナリズムの倫理にどのような影響を与えるかは、十分に検討されていない。

●――ビッグデータを利用するディープラーニングの進展

わたしたちの社会は幾度かのAIブームを経験してきた。野村総合研究所によれば、第1次ブームは、コンピューターが推論や探索もできるようになった1950年代後半～1960年代。次のブームは、コンピューターが専門家のように情報処理するエキスパートシステムが作られた1980年代という。ただし、この時代のAIは「暗黙知」など人間らしい情報処理が難しく、限界に直面した。[2]

2000年代に入り第3次ブームが到来した。その特徴は、機械学習と深層学習（ディープラーニング）といわれる。2016年度版『情報通信白書』は機械学習を「人間がコンピューターに注目すべき要素を教え、大量のデータを与えると、コンピューターがルールや知識を自ら学習する技術」と説明する。そして、機械学習のひとつであるディープラーニングを「脳を模した仕組みを利用することで抽象的な情報の分析能力を飛躍的に高める技術」と記述する。白書には「その先には、ICTが人間の知能を超える境界、技術的特異点（シンギュラリティ：Singularity）が来ると予想されている」と記されている。[3]

第3次ブームを広く印象づけたのは、囲碁と将棋のニュースだろう。グーグルの「アルファ碁」が2016年に韓国の李世乭（イセドル）を破り、翌年には世界トップとされる中国の柯潔（かけつ）を打ち負かした。将棋界では、最年少棋士記録や最多連勝記録を更新した藤井聡太が将棋ソフトで腕を磨いていたことも話題になった。AI棋士は、一人の人間が生涯かけても経験できない量の棋譜データをもちい、だれも経験したことのない手を打つ。もはや人間の敵ではない。

ただし、AIを強化にするには人間が排出するビッグデータが欠かせない。画像・音声認識やサーチエンジンの精度が向上してきたのは、ビッグデータのおかげだ。混沌としたデータの大海から、ある種のパターンや法則性を見つけ出すことで、病気や事故、犯罪を防ぐことなどが期待されている。こうした期待の高まりを映すかのように「AI投資」「AI経営」「AI戦略」「AI革命」といった言葉が経済誌やビジネス書で多く使われるようになっている。

●──東大に合格できないが仕事を奪う危険性

しかし、過度な期待は禁物だ。国立情報学研究所の新井紀子は「東ロボくん」と名付けたＡＩを、東大合格のレベルにするプロジェクトに取り組んだものの、２０１６年に断念した。新井は「現状の技術の延長線上では、ＡＩが東大に合格する日は永遠に来ない」と結論づけた。いまのＡＩは言葉の意味を理解していないため、読解力を問う国語や英語で点数を稼げなかったそうだ。そのうえで新井は、社会に与える影響について次のような懸念を表明している。[4]

「ＡＩが東大に入るような日が来たら（中略）人間は労働から解放されて幸せになるだろうか。／ＡＩから得られる富が、地球上のすべての人に平等に分け与えられればそうかもしれない。しかし、そのような仕組みは、今までかつてこの地球上に築き上げられたことはない。むしろ、ＩＴが社会に導入されて以降、経済格差は広がり続けている。／２０１０年、アメリカでのＡＩの隆盛を眺めながら、私はそのことを考えていた。ＡＩはどこまで行き、どこで止まるのか。ＡＩはどのように仕事を奪い、仕事を生み出し、社会を変えるのか。私がはじき出したのが、２０３０年に現在のホワイトカラーの仕事の半分がＡＩに置き換えられるという予想だった」

これと符合するデータがある。オックスフォード大学と野村総研は、日本の労働人口の約49％が10～20年後には人工知能で代替可能になると試算している。[5]おそらくＡＩによる影響は雇用にとどまらないだろう。原子力や遺伝子組み換えなどの高度な技術が、ＡＩを使った犯罪や戦争に悪用されれば被害は甚大になるはずだ。

●──人間を守るための倫理原則

そうした懸念に基づき、アメリカの著名な研究者や起業家らで作る非営利組織・生命未来研究所（ＦＬＩ：Future of Life Institute）は２０１７年にＡＩ研究の原則を発表した。会合がカリフォルニア州アシロマで開かれたことから

「アシロマＡＩ原則（Asilomar AI Principles）」と名付けられた。計23項目のうち13項目は「倫理と価値」に関するもので[5]、以下いくつかを拾ってみた。

【人間の価値観】人工知能システムは、人間の尊厳、権利、自由、そして文化的多様性に適合するように設計され、運用されるべきである。

【利益の共有】人工知能技術は、できる限り多くの人々に利益をもたらし、また力を与えるべきである。

【非破壊】高度な人工知能システムがもたらす制御の力は、既存の健全な社会の基盤となっている社会的および市民的プロセスを尊重した形での改善に資するべきであり、既存のプロセスを覆すものであってはならない。

【人工知能軍拡競争】自律型致死兵器の軍拡競争は避けるべきである。

日本では東京大学の須藤修を議長とする「ＡＩネットワーク社会推進会議」が２０１7年に「ＡＩ開発ガイドライン」を支える9つの原則を公表した。そのうち7番目の原則（倫理の原則）には「開発者は、ＡＩシステムの開発において、人間の尊厳と個人の自律を尊重する」という言葉が明記された[7]。

ＡＩをめぐる倫理については、手探りの状況が当面つづきそうである。

■思考の道具箱■ロボット倫理

1999年にソニーが「アイボ」を発売して以来、目に見える形でロボットが私たちの日常生活に入ってきた。2014年にはソフトバンクの「ペッパー」が飲食店やショールームでの接客に従事。自動走行するクルマや自動配送するドローンなどへの応用も進んでいる。ロボット兵士が戦場を駆け巡る日が来るかもしれない。ロボットをめぐる規範は、長らく工学者たちの技術者倫理のテーマとされてきたが、久木田水生によれば、ロボットには人間の倫理面を補助する可能性もあり、ロボットそれ自体が道徳的な行為者であることを前提とする倫理学も確立されている。

●——1秒に2000記事を書くAI記者の誕生

メディア産業はＡＩの導入に意欲的だ。「ＡＩ記者」第1号は、アメリカのＡＰ通信（Associated Press）で誕生した。「ＡＩ記者」が最初に活躍したのは、企業業績を示す「決算短信」の分野であった。

朝日新聞の特集記事によると、ＡＰ通信は２０１４年に３０００本の決算記事を実験的にＡＩに書かせて配信した[8]。企業の決算発表が集中するシーズンに、経済記者が決算数字に追われる時間がもったいない——ＡＰ通信の経営陣がそう感じていたことがＡＩ導入のきっかけだった。そこで、経済記者たちに深みのある取材をしてもらうため、ＩＴ開発会社オートメーテッド・インサイツ社のＡＩを採用し、決算記事を自動生成する仕組みを構築した。

この会社のＡＩ「ワードスミス（Wordsmith）」は、人間が犯しがちな数字やスペルなど誤りがなく、瞬時に記事を作成する。いくら酷使しても不平を言わない。当初はＡＩ導入に懐疑的だった記者も、手間のかかる作業をＡＩが代行してくれるおかげで、本来の仕事の時間が増えたことを歓迎したそうだ。

ＡＰ通信のワードスミスは、膨大な数に上るマイナーリーグの野球記事もすでに執筆していて、利用は拡大の一途にある[9]。毎日新聞もワードスミスを生んだオートメーテッド・インサイツの探訪記をオンラインで掲載している[10]。それによると、ワードスミスはＡＰ通信以外にもアメリカのヤフーをはじめ各種メディア、金融機関などにも導入されていて、２０１４年1年間で書いた記事やリポートは10億本、１秒あたり２０００本に上るという。

●——日経記者が育てるAI記者

日本でＡＩ記者を最初に導入したのは日本経済新聞社で、２０１７年1月から上場企業の決算データをまとめた分析記事「決算サマリー（Beta）」をオンライン上で公開しはじめた[11]。日経新聞はホームページに以下の説明文を載せている。

「今回のプロジェクトは日経のエンジニアが主導。ＡＩ研究で実績のある東京大学の松尾豊研究室と共同研究を始め、決算データから要点を抽出する日経のノウハウをＡＩに学習させることで、ＡＩによる記事生成の実現性が高まりました。そこで実用システムの開発に向け、日本語の意味を理解するＡＩ技術に強みを持つ言語理解研究所（ＩＬＵ、徳島県徳島市）と共同開発を進め、同社の独自技術により今回のベータ版にこぎつけることができました」

ＡＩ記者を誕生させるには、まず「日経のノウハウをＡＩに学習させる」ことが前提で、記事の精度を上げるには、過去の膨大なデータや人間が書いた記事が必要とされる。いずれにせよ、ＡＩ記者が書く記事には、日経記者たちの長年の行動や判断、クセなどが「意図せざる意図」として反映されている。

決算記事や野球のゲーム展開などの記事なら、すでにＡＩは威力を発揮しつつある。しかし、政治的あるいは倫理的な問題について、ＡＩが記事を書けるのだろうか。この点は疑問が残る。

●――ＡＩのビッグブラザー到来？

ＡＩの導入が進めばどんな問題が起こるのか。早稲田大学ジャーナリ

■思考の道具箱■発生もの

事件や事故のニュースを指すメディア界の隠語。報道各社はかつて、警察や消防の業務無線を傍受し、交通事故や火災の発生をほぼリアルタイムで覚知し、記者やカメラクルーを派遣していた。しかし1980年代から各地で無線がデジタル化され、事件・事故の発生をつかむのが難しくなった。しかし、ソーシャルメディアが普及したことで、警察や消防よりも早く事件・事故の情報をキャッチするケースも生まれている。

ズム大学院は2017年に公開シンポジウムを開き、ジャーナリズムをめぐる3段階の未来社会を検討した。第1段階は「ストレートニュースはAIが書く新聞社が出現した社会」、第2段階は『無駄な意見』を自動削除するプラットホームが出現した社会」、第3段階は「世の中の事象をデータ化して集め、正当に利用しうる『良心的ビッグブラザー』が到来した社会」である。

パネリストのひとり、名古屋大学の久木田水生は、第1段階の未来社会について「野球の試合結果をスコアから記事化するにしても、どこに人の知りたいポイントがあるのか、そもそもどのニュースを優先的に流すのかといった判断が必要で、そこにはなんらかのバイアスが入ってくることになる」と話し、一見すると価値中立的に見えるAI記者から恣意性を排除できないことを指摘した[12]。第2、第3段階の未来社会については、他のパネリストたちから、AIに規範や倫理を預けることの難しさについての意見が出た。

しかし現実のビジネスの現場ではAIの活用が浸透しはじめている。たとえば、災害や事故などの情報を探索してメディア企業に「通報」するAIが商品化された。東京のITベンチャー、スペクティは2016年から、SNSに投稿された膨大な映像情報を常時監視し、ニュース価値があると思われるものをマスメディアに提供する。

●——報道機関向けの速報ビジネスの普及

たとえば火災が発生すればツイッターなどに画像や映像が相次いで投稿される。スペクティでは、投稿された時間と場所、消防や救急、警察などの作業着、車両、見物人などの特徴を分析しているという[13]。この会社のウェブサイトで紹介されている取引先は、在京キー局や全国紙など「国内100社以上の報道機関」にくわえ、AP通信やニューヨーク・タイムズ、イギリスのテレグラフの名前もある。

「記者ゼロ通信社」をうたい文句にするベンチャー企業のJX通信社もAIを活用してSNSから確認できた「第一報」をマスメディアに提供する。商品名は「ファーストアラート（FASTALERT）」。公式サイトでは「他社比2～40分速い検知実績」と銘打ち、共同通信社や産経デジタルのほか複数の在京民放キー局が導入とPRしている[14]。

AIの普及で情報環境は確実に変わりつつある。グーグルの検索エンジンやアマゾンのリコメンド機能を、だれも特殊な技術とは思わなくなった。AIが編集局の屋台骨を支えるかどうかは不明だが、単純な記事作りを肩代わりし、ニュースになりそうな事件・事故や「ネット炎上」をキャッチする道具としてのAI利用は今後も進みそうだ。

[注]

[1] 松尾豊『人工知能は人間を超えるか：ディープラーニングの先にあるもの』角川EPUB選書、2015年

[2] 野村総合研究所「ICTの進化が雇用と働き方に及ぼす影響に関する調査研究」2016年（http://www.soumu.go.jp/johotsusintokei/linkdata/h28_03_houkoku.pdf 2018年3月11日取得）

[3] 総務省編『情報通信白書：ICT白書 平成28年版 IoT・ビッグデータ・AI：ネットワークとデータが創造する新たな価値観』日経印刷、6頁

[4] 朝日新聞「AIの弱点は「意味の理解」 東ロボくん研究・新井紀子さん寄稿」2016年11月25日朝刊

[5] 野村総研、K・B・フレイ、M・A・オズボーン「日本におけるコンピューター化と仕事の未来」2015年（https://www.nri.com/~/media/PDF/jp/journal/2017/05/01J.pdf 2018年3月11日取得）

[6] 「アシロマの原則」日本語ホームページ AI Principles Japanese - Future of Life Institute（https://futureoflife.org/ai-principles-japanese/ 2018年3月11日取得）

[7] AIネットワーク社会推進会議「報告書2017：AIネットワーク化に関する国際的な議論の推進に向けて」2017年（http://www.soumu.go.jp/main_content/000499624.pdf 2018年3月11日取得）

[8] 朝日新聞「コンピューターが記事を書く試み」グローブ164号、2015年8月2日朝刊

[9] "AP expands Minor League Baseball coverage", Press Release – AP homepage, June 30, 2016 (https://www.ap.org/press-releases/2016/ap-expands-minor-league-baseball-cover

age ２０１８年３月14日取得）
［10］毎日新聞「記事執筆「毎秒２０００本」の人工知能は世界を変えるか（海外特派員リポート） 清水憲司」経済プレミア２０１５年９月５日（https://mainichi.jp/premier/business/articles/20150902/biz/00m/010/018000c ２０１８年３月14日取得）
［11］「完全自動決算サマリー」日本経済新聞社説明ページ（http://pr.nikkei.com/qreports-ai/ ２０１８年３月14日取得）
［12］津田大介「ＡＩは記者にとってかわるか？：次世代ジャーナリズムの倫理とジレンマ」津田大介メールマガジン「メディアの現場」２９２号、２０１８年２月９日
［13］産経ニュース「世界でいま何が起きているかスマホに聞け「人工知能」が災害や事故のＳＮＳ投稿を収集・速報 「日の丸」ベンチャーがアプリ開発」２０１６年１月11日（http://www.sankei.com/premium/news/151230/prm1512300031-n1.html ２０１８年３月14日取得）
［14］ＪＸ通信社公式ホームページ（https://jxpress.net/）

［参考文献］
ド・ラ・メトリ『人間機械論』杉捷夫訳、岩波文庫、１９３２年
デカルト『方法序説』谷川多佳子訳、岩波文庫、１９９７年
ニコラス・ネグロポンテ『ビーイング・デジタル：ビットの時代』西和彦監訳・福岡洋一訳、アスキー、１９９５年
マーヴィン・ミンスキー『心の社会』安西祐一郎訳、産業図書、１９９０年

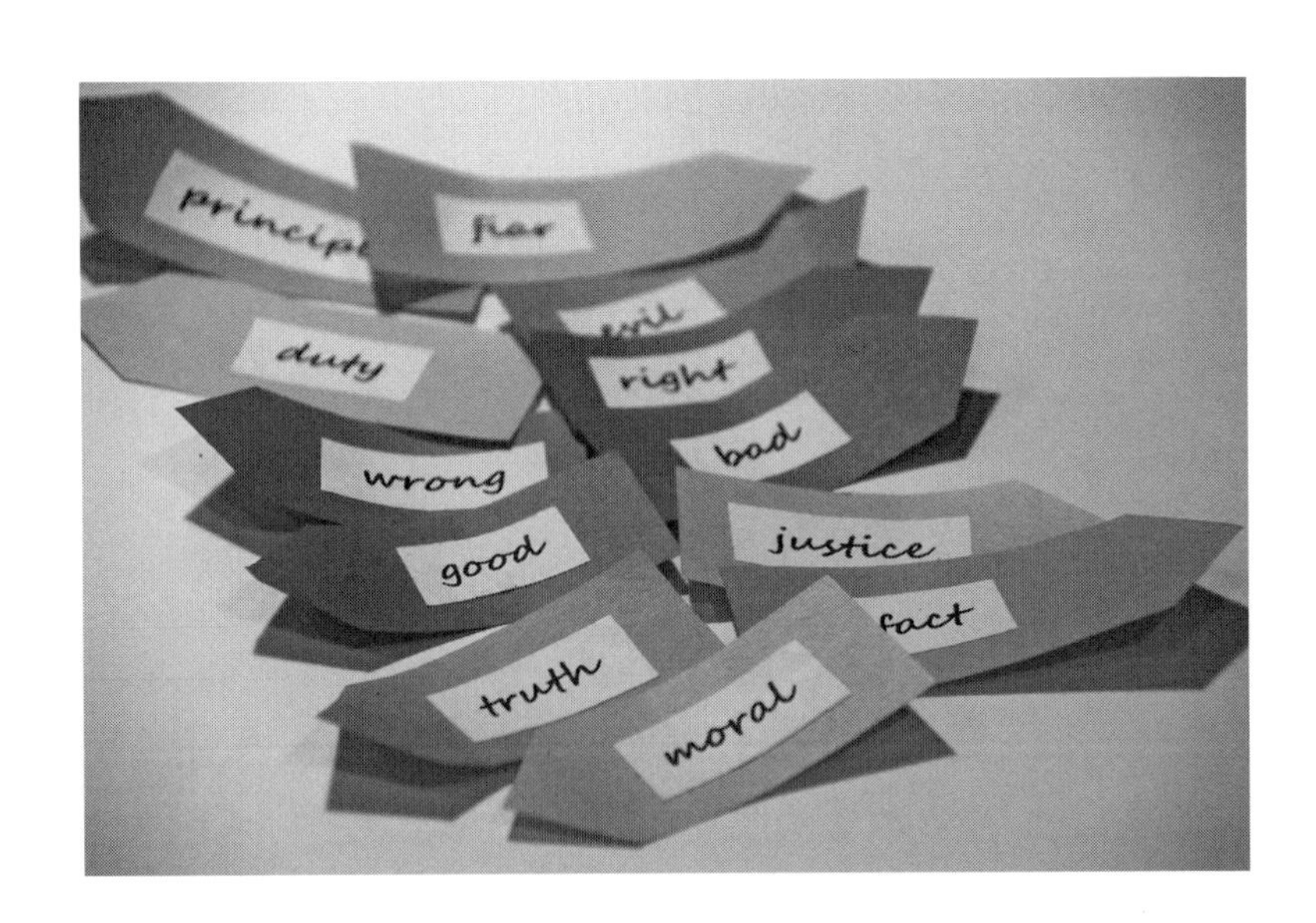

あとがき　ジャーナリストの理想へ向けて

本書はジャーナリズムの規範を考えるケースブックなので、倫理学の体系に基づいて章立てを考えたわけではありません。ただ、メディア企業の研修担当者たちには、最小限これだけは知っておいてほしいと思うことを最後に記しておきます。

哲学の一分野である倫理学は、大きくはメタ倫理学、規範倫理学、応用倫理学に分類されます。このうち規範倫理学では、功利主義や義務論などをめぐる膨大な議論が繰り広げられてきました。

功利主義と義務論

功利主義とは、ジェレミー・ベンサムが残した「最大多数の最大幸福」に象徴される考え方で、結果から道徳的価値を考えることから「帰結主義」のひとつとされています。具体的にいうと、王様を特別に扱うのではなく、身分の別なく人々の「幸福」の量を均等に計算し、その社会の「幸福」の総量を最大にしようとする原理です。それに基づけば、王よりも数が多い農民や平民の「幸福」を重視する社会が目指されます。しかし、問題もあります。多数者の利益だけが優先されれば、少数意見が無視され、マイノリティや被差別者の権利が侵害されかねません。

そんな帰結主義と対立する立場に、イマヌエル・カントの義務論があります。結果から倫理を考えるようになれば、「嘘も方便」のような振る舞いが際限なく拡大し、収拾不能になります。そこでカントは道徳的な価値を目的の良さで決めるべきだと考えました。人間には人として守るべき絶対的な命令（定言命法）がある、とカントは説きましたが、わたしたち凡人はカントが考えるほど理性的ではありません。

規範倫理の学者たちによって鍛えられた思考の筋道や理論は堅牢です。それらを総動員して、現実の問題と格闘するのが応用倫理学です。この分野は21世紀に入り、科学技術倫理や環境倫理、情報倫理など個別分野ごとに大きな注目を集めています。応用倫理は理論家と実務家の協働が前提となります。ただ、ジャーナリズムをめぐる倫理については、業界人の経験論（体験的ジャーナリスト論）が幅をきかせ、応用倫理学の一分野として確立されているとは言えません。

こうした理論的背景を知るための参考書として、入門的な『本当にわかる倫理学』（田上孝一、日本実業出版社）、『功利主義入門』（児玉聡、ちくま新書）、『サンデルの政治哲学』（小林正弥、平凡社新書）などがあります。ケアの倫理を扱ったジャーナリズム理論では『〈オンナ・コドモ〉のジャーナリズム』（林香里、岩波書店）があり、『マス・コミの自由に関する四理論』（F・S・シーバートほか、東京創元社）などの古典も目をとおす価値があると思います。これらを手がかりに関心をさらに広げ、理解を深めていってください。

企業の枠を超えて

メディア産業に長らく横たわってきた思想は「表現の自由」を基調とする功利主義で、不特定多数の読者や視聴者に提供される情報の価値が視聴率や部数によって計られがちです。ジャーナリズム研究者の林香里は「最大多数の最大関心事」という表現で、メディア産業が古典的な功利主義の段階にとどまっていることを批判しています。この功利主義的な考え方は、企業統治にも影響しています。〈CASE17〉のセクハラ問題で検討したような、社内の少数者である女性の人権が抑圧されたり、組織のために個人が犠牲になったりした例を直接知るメディア関係者は多いはずです。

ちょっとやそっとで変えられない構造的な問題があったとしても、個々のジャーナリストが業界や企業の論理と一体化しなければならない道理などありません。報道の目的は、公共の利益に資する情報を市民に報告すること。災害や事件事故を速報したり、埋もれていた事実を掘り起こしたり、複雑な問題を論評したりすることによって、よき社会をめざす――個々のジャーナリストはそんな理想を広く共有し、連帯できると信じています。

本書は勁草書房編集部ウェブサイト「けいそうビブリオフィル」に2016年から連載をした内容をもとにしています（http://keisobiblio.com/author/hatanakatetsuo/）。連載全部は収録していませんが、連載にはないケースも追加しました。このウェブ連載は今後も不定期に更新していく予定です。考えてみたいケースや感想をお伝えいただけると幸いです。最後に、本書の企画段階から完成に至るまで骨を折ってくれた勁草書房の鈴木クニエさんへの感謝を記します。

2018年6月

畑仲哲雄

マ行

ヤ行

タ行

ナ行

ハ行

サ行

索 引

著者略歴

1961年大阪生まれ。1985年関西大学法学部卒業後、毎日新聞社入社、1990年日経ホーム出版社『日経トレンディ』編集部に転職し、1991年より2011年まで共同通信社勤務。2004年東京大学大学院学際情報学府修士課程に進学し、2007年同課程修了、2013年同大学院博士課程修了。博士（社会情報学）。2013年より龍谷大学社会学部准教授。専門はジャーナリズム研究。主な単著に、『地域ジャーナリズム：コミュニティとメディアを結びなおす』（勁草書房、2014）、『新聞再生：コミュニティからの挑戦』（平凡社、2008）、共著に照屋・萩野・中野編著『危機の時代と「知」の挑戦（上）』（論創社、2018）、菊池・有賀・田上編著『政府の政治理論：思想と現実』（晃洋書房、2017）、小林・菊池編著『コミュニタリアニズムのフロンティア』（勁草書房、2012）など。

ジャーナリズムの道徳的ジレンマ

2018年 8 月30日　第1版第1刷発行
2019年11月20日　第1版第2刷発行

著　者　畑（はた）仲（なか）哲（てつ）雄（お）

発行者　井　村　寿　人

発行所　株式会社　勁（けい）草（そう）書　房

112-0005 東京都文京区水道2-1-1　振替 00150-2-175253
（編集）電話 03-3815-5277／FAX 03-3814-6968
（営業）電話 03-3814-6861／FAX 03-3814-6854
三秀舎・中永製本

ISBN978-4-326-60307-7　　Printed in Japan

http://www.keisoshobo.co.jp